男の子は「脳の聞く力」を育てなさい

男の子の「困った」の9割はこれで解決する

「脳の学校」代表・医学博士
加藤俊徳

青春出版社

はじめに
――「何度言っても聞かない」ワケは脳にある――

話を聞かない、落ち着きがない、危ない遊びばかりしたがる、ところかまわず動き回ってはしゃぐ……。

「どうして、男の子ってこんなに大変なんだろう？」

このように思っているお母さん、お父さんは少なくないと思います。

思い返せば、私の母も同じようなひとりごとを言っていました。

思い出せる記憶だけを振り返っても、ずいぶんと母に「子育ての苦労」をかけた私ですが、現在は小児科医として、日々、子どもたちを診察しています。

また、脳科学の専門家として、ＭＲＩという装置を用いて脳を画像化し、その脳画像を独自の方法で詳細に分析・診断することで、個人に合わせた脳の育て方や脳のトレーニング法を外来で指導しています。

この外来には大人だけでなく、子どもも多くやってくるので、**これまで約30年間、小児科医として、また脳科学者として、子どもたち、そしてその親御さんたちと向きあってきたことになります。**


さらに私生活では、ふたりの男の子の父親として、子育てにかかわってきました。

実際の子育ては、喜びが1で残りの9は、非常に疲れたり、悩んだりする作業である……ということも痛いほど実感しているつもりです。

父の立場である私が10分の1の喜びなら、母である妻は100分の1しか喜べない日々の連続だったかもしれません。


事実、男の子を育てていると、肉体的にだけでなく、精神的にもとても疲れます。

その理由は、

・何度言っても、変わらない
・人の話を聞いていない

・同じことのくり返し

多くはこの3つにあるのではないかと思います。

結論から述べます。

男の子の子育てが大変なのは、「子どもの聞けない脳」が原因です！

「聞けない」男の子に、必死に言い聞かせていませんか？

お母さんがよくやりがちな「延々と言って聞かせる子育て」は、脳科学的には間違いです。これでは、子育てが余計に疲れるものになりますし、男の子の脳にも響かず、脳が生み出すさまざまな能力も伸びません。

「子どもの脳の育て方」といっても、実際には男の子と女の子では、効果的な方法が違います。男の子は、男の子の脳にあった育て方をしないといけないのです。

では、どうしたらよいのでしょうか？

答えはシンプルです。

「聞けない脳」を成長させて、「聞ける脳」に変えればいいのです。

聞けない脳とは、**「物理的に音が届いていても、それを適切に理解したり、その情報を記憶してうまく処理したりできない脳のこと」**を指します。

聞けない脳は、子育てを大変にしますが、問題はそれだけではありません。最も大きな問題は、この聞けない脳のまま年月が過ぎて、それが早いうちに発見されないことです。

聞けない脳のまま育ってしまうと、大人になってから仕事や対人関係で問題を抱えることが多々あります。

現に、私のクリニックにも、聞けない脳のために仕事やプライベートでトラブルを起こし、相談や治療に訪れる男性が多くいます。

子どもの頃と比べて、大人の「脳育て」は、労力も時間もケタ違いに多くかかります。だからこそ、子どもの頃に聞けない脳を聞ける脳にすることが重要なのです。

反対に、子どもの頃に聞ける脳を育てておくと、男の子の脳の成長速度は劇的に変わります。脳の伸び率が圧倒的によくなるのです。そしてそれは大人になってからも変わらないので、聞ける脳を持った男性は、日々成長しやすいのです。

本書は、毎日子育てに、家事に、仕事に……と奮闘しているお母さん、お父さんたちが一刻も早く、大変な毎日から抜け出せるように、さらに男の子の「聞けない脳」に早く気づき、適切な対応がとれるように、脳科学的に最もよいと思われる男の子の脳の育て方をまとめました。

聞けない脳から聞ける脳へ成長するために、親がサポートできることは少なくありません。

むしろ、**親しだいで「聞けない脳」も「聞ける脳」へと簡単に変わります。**

そして、男の子が聞ける脳を持てば、将来はきっと自分の持っている能力を存分に発揮し、前向きに人生を切り開いていくことができます。

それは今までお会いしてきた、数多くの「指導者」と呼ばれる方や、組織のトップの方々の脳が教えてくれました。

そう、今、子どもの聞ける脳を育てておけば、子育てがラクになるだけでなく、子どもたちの未来も明るくすることができるのです。

本書が、子育てに悩むお母さん、お父さんと、その息子さんのために役立つことを信じています。


加藤プラチナクリニック院長／「脳の学校」代表　加藤俊徳

『男の子は「脳の聞く力」を育てなさい』　目次

第2章

第3章

脳の聞く力は「家庭」で伸びる！

第4章

聞ける脳の育て方 親子の習慣編

編集協力　横山香織
本文デザイン　岡崎理恵
本文イラスト　野田映美
本文DTP　キャップス

第1章

「聞けない脳」が困った行動の原因だった！

男の子にいくら言い聞かせてもダメな理由

落ち着きがない、何度同じことを言っても直らない、場所を選ばず大声を出す……。男の子特有の困った行動に、悩んでいる方は少なくないでしょう。

私が院長を務める加藤プラチナクリニックの「脳の強化外来」では、ＭＲＩという装置を使って脳の画像診断を行い、脳の健康状態のほか、１人ひとりの脳が持つ力を読み解いています。そして、それをもとにもっと自分を成長させる方法、健康な脳を維持するためのトレーニングや生活習慣などをアドバイスしているのです。

大人の方はもちろんのこと、最近多いのが、お子さんの脳画像診断です。

「落ち着きがない」

「言葉の遅れがある」
「学校になじめない」
「友だちとコミュニケーションがうまくとれない」

などの、さまざまな悩みに対して、脳科学の視点から解決法をお伝えしています。

また、各地で開催している講演会でも、子育てに関する相談をよく受けます。

中でも多いのが、男の子を持つお母さんからの相談です。

お母さんにとって女の子は、かつて自分が経験してきた道を同じように歩んでいるために、気持ちや考えがわかりやすいようです。

しかし、男の子の場合は、お母さん自身が同じ経験をしたことがないために、その理解できない言動に日々悩むことが多いのでしょう。

女の子は、小さな頃からおしゃべりが上手で、友だちとも楽しく遊ぶことができ、「ここで待っててね」「これをしてはダメよ」などの言いつけもきちんと守れます。

一方、男の子は口ベタです。さらに、言いたいことをうまく伝えられないと暴れたり、友だちとオモチャの取りあいをしたりすることもよくあります。

もちろん、「ここでは走らないよ」「順番に遊ぼうね」なんていうお母さんの言葉はちっとも聞いてくれません。

このような男女の違いを目の当たりにすれば、「どうしてうちの子はできないの？」「本当にこのままで大丈夫かしら」と、男の子のお母さんが不安になるのも当然です。

ほかにも、私のところには男の子のお母さんたちから、次のような相談がよく寄せられます。「そうそう、うちの子も！」と、共感する方も多いのではないでしょうか。

【男の子の困った言動】

- **落ち着きがなく、じっとしていられない**
- **何度言い聞かせても、同じことをくり返す**
- **気に入らないことがあると、すぐに怒る・手が出てしまう**
- **面倒くさがりで、自分から行動できない**
- **人の話を最後まで聞けない**
- **甘えんぼうで、なかなか親から離れられない**

・周りとあわせられず、集団行動が苦手
・勉強がなかなか身につかず、成績が上がらない

実は、これら男の子特有の「困った行動」の裏には、共通の原因があります。
それは圧倒的な「聞く力」不足。
すべて、脳の中の聞く力が弱いことが原因なのです。

話を聞けないのも、すぐに手が出るのも……原因は一緒

たとえば「友だちとすぐケンカし、ときには手も出てしまう」という悩み。

これは、その子の性格が暴力的だからではありません。

男の子は脳の中の聞く力が弱いために、相手の話がきちんと理解できず、それに対する自分の意見もうまく伝えられません。

代わりに、体を動かす「運動」に関する脳の力は強いため、意見が伝えられないと、つい手が出てしまうのです。


また、脳の聞く力が弱い男の子は、遊びに夢中になると何も聞こえなくなる傾向があります。

そのため、友だちから「オモチャ貸して」と言われながら、オモチャにふれられると、いきなりオモチャを取られたと勘違いしてしまい、つい力尽くで取り返してしまう……ということが多々あるのです。

また、「お店の中では走らない」「靴は脱いだらそろえて置く」「夜9時には寝室へ行く」など、守ってほしいルールや決まりごとに関しても、親が注意しても聞かず、何度も同じことをくり返すということも男の子にはよくあります。

これも、その子の物覚えが悪いとか、性格に問題があるわけではありません。

男の子の「しっかり聞くための脳」がまだ育っていないので、お母さんの注意した内容がきちんと伝わらず、理解できていないことが原因です。

音として耳には届いていても、話の内容が頭に残らず、右から左へ通り過ぎてしまっているのです。

さらに、小学生になった男の子に多いのが、「勉強内容が頭に入らない」「授業についていけない」「学校が嫌い」という相談。

これも、「うちの子の頭が悪いのでは……」と心配されるお母さんが多いのですが、そうではないのです。

とくに低学年のうちは、やはり、脳の聞く力不足が原因です。

大切なことを注意して聞くという脳の力不足によって、耳から入る情報（＝先生の話）が「大事なこと」として処理されず、理解されにくいのです。

学校の授業は、20～30人の生徒に対してひとりの先生が話す、講義形式のものがほとんど。

聞く力がそもそも弱い男の子が、大勢の中から、ひとりの声を拾い上げ、細部までしっかり聞き取るというのは至難のわざといえます。

そう、**男の子の子育てにおける「困ったこと」は、すべて「うまく聞けない」のが原因**なのです。

「聞けない」に気づくだけで、子育てはラクになる

困った行動をとってしまう男の子の多くは、聞く力不足という脳の状態がはじめにあり、そこから症状（＝問題）が表に出てきているだけです。

しかし、多くのお母さん、お父さんたちは、この「男の子の脳は聞く力が弱い」という事実を知りません。

さらに、つい問題解決を急いでしまうあまり、目に見えている問題だけを片づけようとして、空回りしてしまうことが多いようです。

たとえば、

・手が出てしまう子に対し、「謝りなさい！」と叱り、友だちから引き離す

↓親はとにかく謝らせようとしますが、友だちの話を聞けていない本人は「僕は悪

いことなんてしていない」と思っていることが多く、なぜ叱られたか理解できません。

無理に引き離す行為も、友だちと会話する機会をさらに減らしてしまいます。

・ルールを破る子を捕まえ、「何度も言ってるでしょ!」と長々お説教をする

↓親はなんとかルールを守らせようと、詳しく長く説明してしまいがち。

でも、聞く力の弱い男の子は、お説教が長くなればなるほど内容が頭に残らず、逆効果になります。

・勉強が遅れがちな子に対し、放課後さらに学習塾へ通わせる

↓塾へ行けば学力がつくと思う親御さんは多くいます。でも、先生の話を聞けない男の子が、学校と同じ「講義形式」の学習塾に通っても、勉強は身につきません。

いかがでしょうか。どれも、お母さん、お父さんが日々、男の子のためによかれと思ってやっていることだと思います。

でも、**どれも困った行動の本当の原因である「聞けない」ということにアプローチできておらず、その場しのぎの対応になっているので、なかなか効き目がありません。**

これでは、お母さんたちが「どうしてうまくいかないの？」と悩んだり、疲れてしまうのも無理はないのです。

〝響かない叱り方〟を卒業するために

この「原因を勘違いして対処する」という行為は、病院やクリニックで起きる誤診に似ています。

たとえば、高血圧の症状で受診した患者さんに、血圧を下げる薬を処方する行為。

これは、ほかに疾患がない場合は有効かもしれませんが、本当の原因が裏に潜んでいる場合（甲状腺の病気など）は、いたちごっこに過ぎません。

根本原因を治療せずに、表面上の「対症療法」だけやっても永遠に病気は治らないでしょう。

子育てもこれと同様。

多くのお母さん、お父さんたちは、男の子の困った行動に対して、その行動自体を叱る・注意するなどの対症療法を施しています。

叱ることで一時的に困った行動が減ったとしても、本当の原因（＝聞けない）にアプローチしなければ、しばらくすると子どもの困った行動はくり返されてしまいます。

ですから、これからは、そんな対症療法の子育てを卒業しましょう。

まずは、男の子の困った行動の本当の原因が「聞けないこと」にある、と気づくことが大切。

「もともと男の子という生き物は、聞く力が弱いもの」という前提で接するだけで、子育てがグンとラクになるはずです。

そして、お母さんやお父さんが男の子に対し、「聞くための脳を育てる接し方」をしていけば、男の子の困った行動は驚くほど少なくなるでしょう。

さらに、脳の聞く力がつくことで、学力やコミュニケーション能力も高まり、将来的には仕事がデキて人望もある素敵な男性に成長します。

「困った行動の本当の原因に気づき、育て方・接し方を切り替える」ことが、男の子を育てるカギとなるのです。

「耳で聞く」と「脳で聞く」の違いはここにある！

赤ちゃんの頃だって声をかければこちらを向いて笑っていたし、小児科で「難聴」と言われたこともない……。

まさか、自分の子どもが「聞けない脳」であるとは信じがたいかもしれません。

耳は確実に聞こえている。だからこそ、必要なときは、しっかりと言い聞かせてきた、という方も少なくないと思います。

しかし、**「耳が聞こえている」から、「脳が聞けている」わけではないのです。**

男の子の聞けないは、「脳の中の聞く力が弱い」という状態。

つまり、耳から聞いた内容を脳に届け、残しておく力が弱いということです。

普段の会話には困らないので、自分の子どもが聞けているのかいないのかが、わからない方も多いかもしれません。

まずは、我が子が実際に、脳で聞けているかどうかを知ることからはじめましょう。

「脳で聞ける・聞けない」がわかるのは4歳頃

子どもの発育上、「コップを持ってきて」など、大人の簡単な指示に従えるようになる（＝聞いたことを行動に移せる）のは1歳半頃のこと。

そこで耳に機能的な障害があるか否かは判断できるのですが、聴覚に関係する脳の領域がしっかり働いているかどうかは、この段階ではまだ判別がつきません。

それぐらいの子どもだと、意味を理解できている言葉がまだ少ないですし、眠さや空腹などの〝ご機嫌〟にも左右されてしまうからです。

単に耳の機能だけではない、真の「聞く力」があるかどうかわかってくるのは、だいたい4歳になってから。4歳後半〜5歳を過ぎてから、お子さんに次のような様子が見られるか確認してみてください。

【聞けない脳の8大症状】

①　言葉が遅れている
②　幼稚園・保育園・小学校で起こったことを何も話さない
③　ひとりで勝手に動き回る
④　学校の配布物を親元に届けない
⑤　やるべきことがわからず、フリーズすることがよくある
⑥　すぐに動けない、ぐずぐずする
⑦　言っていることが一方的で勝手
⑧　歌が苦手で、音程が取れない

この8つの症状のうち、ひとつでもあてはまれば「聞けない脳」である可能性が十分にあります。

聞く力を司る場所はどこにある？

男の子の困った行動の原因である「脳の聞く力不足」をより詳しく理解するために、ここで、脳のしくみについてお伝えしましょう。

脳には1千億個を超える神経細胞が存在しています。

このうち、同じような働きをする細胞同士が集まり、脳細胞集団を構成しているのです。

そしてその脳細胞集団は、35ページのイラストのように「運動」や「思考」など、担当する機能や働きによって、大きく8つのエリアに分かれています。

私は、その働きによって分けられたエリアのことを**「脳番地」**と呼んでいます。

8つの脳番地の名前はそれぞれ、**思考系、感情系、運動系、聴覚系、視覚系、伝達系、理解系、記憶系**。詳しい働きは次のページの通りです。

〈情報収集や理解など、「インプット」を担当する脳番地〉

◎**聴覚系脳番地**……耳で聞いた情報を脳に取り込む

◎**視覚系脳番地**……目で見た情報を脳に取り込む

◎**記憶系脳番地**……情報をたくわえ、その情報を供給する

◎**理解系脳番地**……与えられた情報を理解し、役立つように整理する

〈思考や行動など、「アウトプット」を担当する脳番地〉

◎**思考系脳番地**……何かを考えたり、判断するときに、幅広く関係する

◎**伝達系脳番地**……コミュニケーションを通じて意思疎通を行う

◎**運動系脳番地**……体を動かすこと全般に関係する

〈「インプット」と「アウトプット」の両方を担当する脳番地〉

◎**感情系脳番地**……喜怒哀楽などの感情を感じ取り、さらに、自分の気持ちを生成して表現する

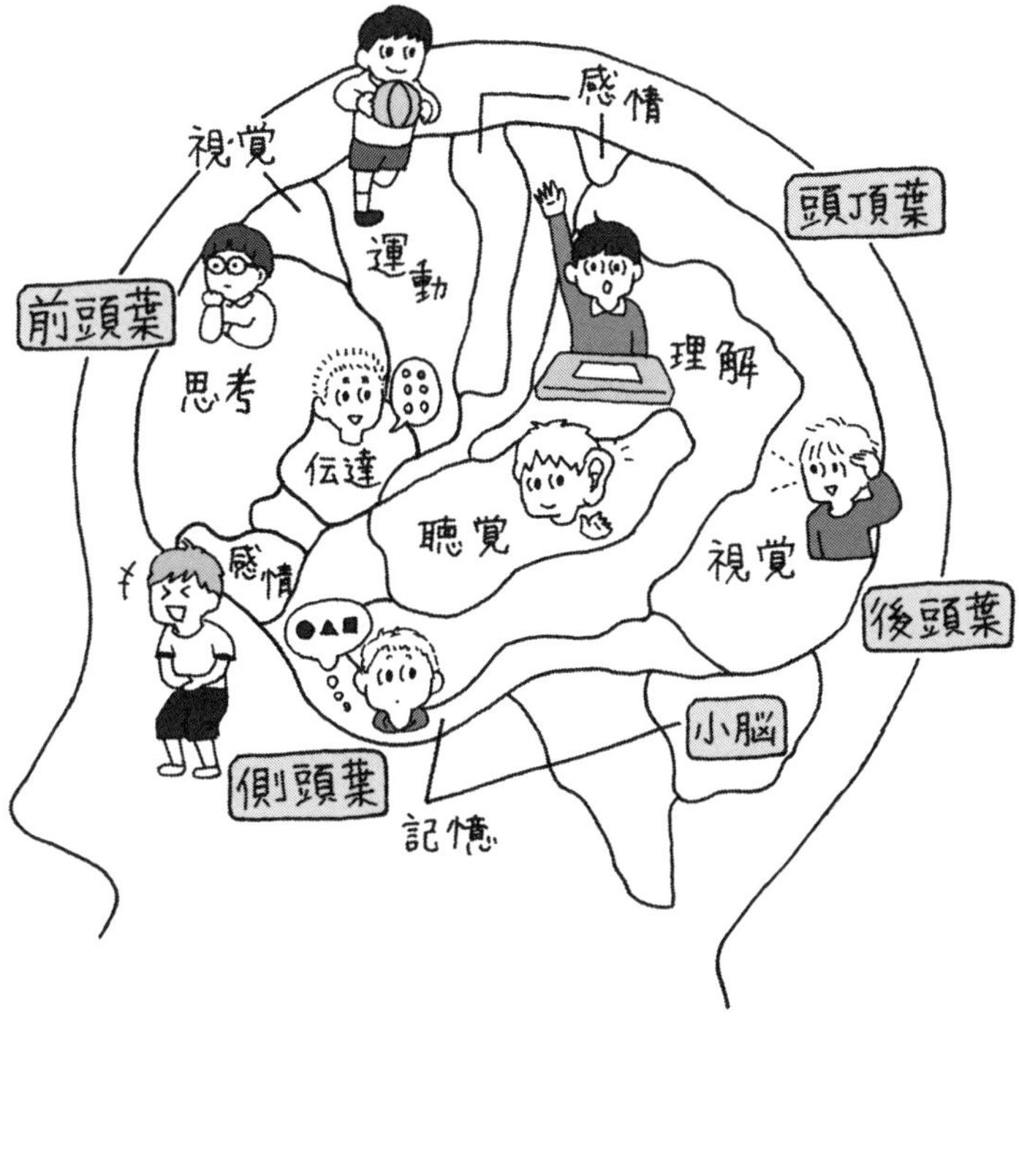
視覚
感情
頭頂葉
運動
前頭葉
理解
思考
伝達
聴覚
視覚
感情
後頭葉
小脳
側頭葉
記憶

男の子の「聞けない」3つの脳タイプ

「うまく聞けない」というと、音を受け取る「聴覚系脳番地」が弱いだけと考えがちですが、実は原因はほかにもあります。聞く力の弱さはほかの脳番地とも関連しており、次の3つのタイプに分けられるのです。

1．「聞こえない」脳タイプ＝聴覚系脳番地が未発達

8つの脳番地のうち「聞く力の弱さ」にダイレクトに関係があるのは、聴覚系脳番地。聴覚系脳番地の発達が遅れ気味だと、音を正しく聞き取ることが苦手な聞こえない脳になります。聴覚系脳番地は、左右の耳のすぐ近くの脳に位置します。

実は、聴覚系脳番地でも左脳と右脳で働き方が違うので、右脳側の聴覚系脳番地が未発達か、左脳側の聴覚系脳番地が未発達かによって「どのように聞けないのか」も、

変わってきます。

右脳側の聴覚系脳番地は、周囲の音に気を配ったり、注意を傾けて聞こうとしたりするのに使われます。

そのため、右脳側が弱いと、周囲の音に注意を払うのが苦手になります。

授業中に先生の話が耳に入らなかったり、集中して最後まで話を聞くことが難しくなってしまうのはこのタイプです。

「授業中、話に集中せず、ほかのことをしています」と、学校の先生から注意されたり、ぼーっとしていて、指示や説明などの聞き漏らしが多いと感じる場合、右脳の聴覚系脳番地の働きが弱い可能性があります。

左脳側の聴覚系脳番地は、言語を正しく聞き取ったり、聞いた内容を理解するのに使われます。左脳側が弱いと、言語の正確な聞き取りが苦手になるので、話の内容をきちんと理解できなかったり、大事なことを聞いても頭に残すことができません。

この脳タイプは、こちらの言葉を聞き返してくることが多い、話をしていて会話がかみあわないことが多いのが特徴。このような特徴が見られると、左脳の聴覚系の働きが弱い可能性があります。

もちろん、右脳側、左脳側の両方の聴覚系が弱いタイプの子もいます。

その場合は「話の聞き漏らしが多い上に、最後まで相手の話を聞かず、会話がかみあわない」という、右脳側が弱い場合、左脳側が弱い場合、両方の脳番地が弱い場合に見られる特徴が同時に現れます。

2.「聞いていない」脳タイプ＝視覚系脳番地が優位

聞くのが苦手な男の子の脳ですが、話による説明は頭に入りづらいけれど、絵や文字を目で見ると、その内容をすんなり理解できるという特徴も、持っています。

それは「見る力」を司《つかさど》る「視覚系脳番地」が、女の子よりも発達しやすいから。

つまり、男の子は話を聞くよりも、何かを見たり観察したりするのが得意だということです。

男の子が、電車や車などの乗り物を見るのが好きだったり、虫などをじーっと観察することに喜びを覚えること、また、地図を読むことや図形問題が得意なのは、この視覚系脳番地の成長の早さによるものです。

男の子でも、女の子でも、得意な部分があるとはいえ、子どもの脳はまだ成長途中の未熟な状態です。そのため、ふたつ以上の脳番地を同時に働かせることがうまくできません。

ですから、男の子の場合は視覚系脳番地が優位に働くと、聴覚系脳番地はほぼ動かず「おやすみ状態」になってしまいます。

つまり、得意な「目」で忙しく情報を集めている状況が増えれば増えるほど、耳は働かない（＝聞こえていない）場合が多くなる、ということ。

とくに男の子は、運動系と視覚系を使って活発に動き回る傾向があるので、立ち止まって聞くという行為がおろそかになりがちです。

そのため、目に見えるものに注意が向くばかりで、聞いていないという場面が多くなりやすいのです。

ジェスチャーや図などを使って説明すると理解が早いが、口だけで言って聞かせたことは、なかなか理解できない、算数（とくに図形問題）は得意だが、国語は苦手……などの特徴が見られれば、この脳タイプの可能性が高いでしょう。

また、この傾向があまりにも強い場合は、のちほど詳しく説明する発達障害が疑われることもあります。

3.「頭に残らない」脳タイプ＝記憶系脳番地が未発達

生後数カ月は聞こえに問題がなくても、徐々に言葉の発達の遅れが目立つタイプの子どもがいます。

このタイプは、聴覚系脳番地には全く問題がありません。しかし、生後1年を過ぎ、単語を話しはじめる時期になると、なんとなく言葉の遅れに気がつきます。

通常、1歳～1歳半頃には80～90％の子が単語を5つ以上話しますが、その年頃になっても話さない場合、もしくは「目があわない」「指差しをしない」「『バイバイ』などを返さない」という場合は、記憶系脳番地の働きが弱いタイプの聞けない脳である可能性があります。

この脳タイプの4、5歳児の脳のＭＲＩ画像を見ると、そのおよそ95％に、記憶系

健常な海馬とねじれのある海馬（＝海馬回旋遅滞）のMRI画像

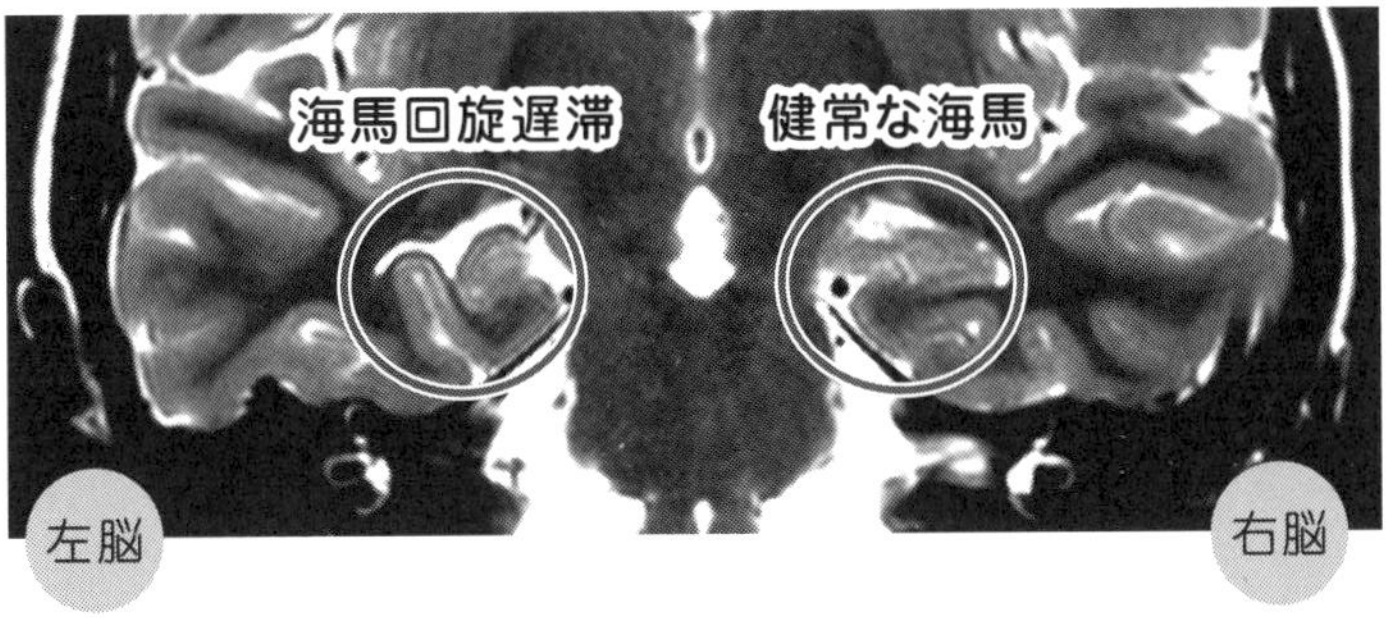

脳番地にある「海馬《かいば》（日常的な出来事や勉強をして覚えた情報などを一時的に記憶して保存しておく部位）」の成長の遅れが見られます。

私はこれを「**海馬回旋《かいせん》遅滞《ちたい》（HIR：ヒア）**」と命名しました。今から20年ほど前のことです。上の図で示すように、右脳の健常な海馬に比べて、左脳の海馬は、よじれたいびつな形をしています。これは、海馬が回旋しながら発達する途中で止まったままの形なのです。

この海馬回旋遅滞がある場合、高頻度に、言語発達が遅れます。その原因は、海馬の発達が遅れていて、「聞いたことが頭に残りにくい」からなのです。

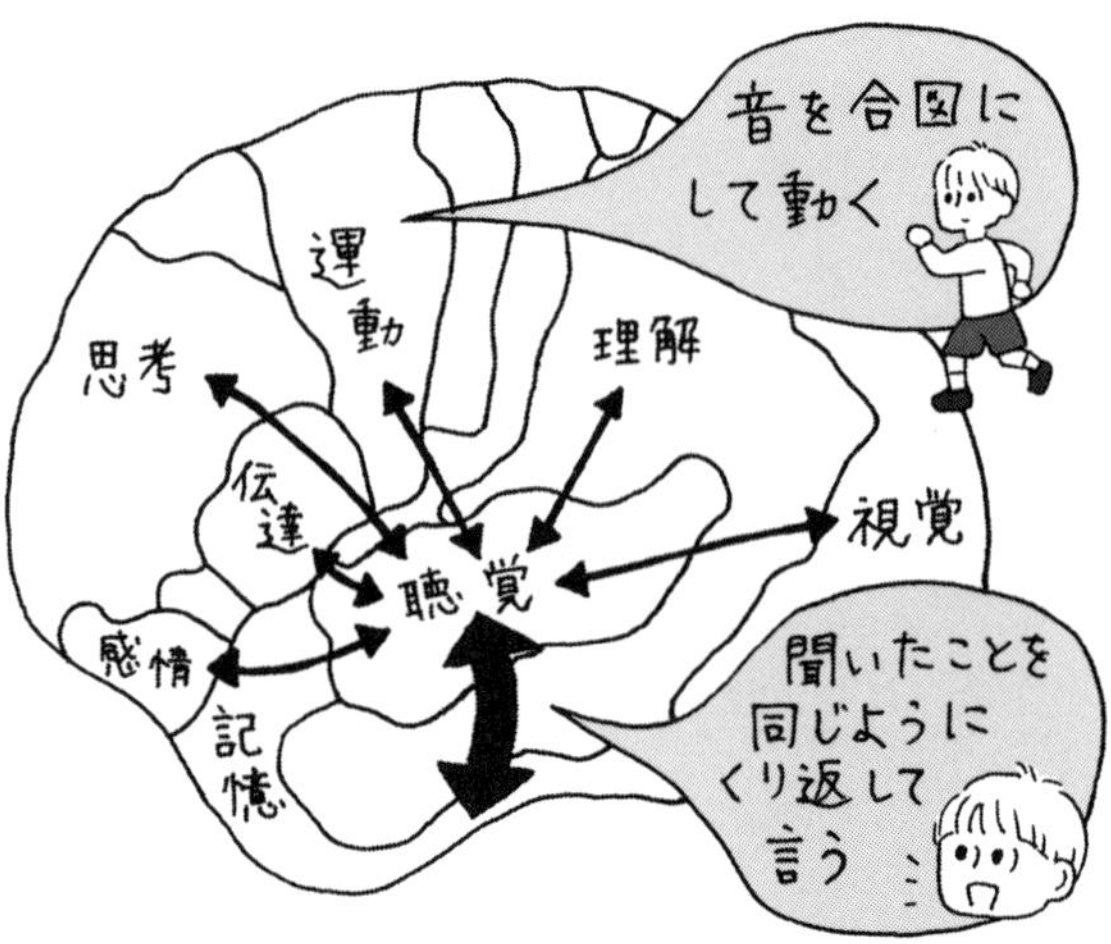

実は上のイラストで示すように聴覚系脳番地は、ほかの7つの脳番地と協調していろいろな働きをしています。その中でも、**「聴覚系」と「記憶系」がとりわけ密接な関係がある**ことが最近の研究でわかってきました。最近では、音楽を聴くこと（聴覚刺激）のほうが、絵画を見ること（視覚刺激）よりも、強く海馬を活性化する、という報告もあるほどです。

海馬の成長は聴覚系脳番地の成長にも関係します。そのため海馬（記憶系脳番地）の成長が遅れると、聞いたことが頭に残らないだけでなく、聴覚系脳番地の発達も遅れることもあるのです。

男の子は海馬の成長が遅かった！

さらに、私は約20年前、女の子の左脳の海馬は男の子に比べて少し成長が早いことを発見しました。つまり、**記憶系脳番地の海馬は、女の子より、男の子のほうが発達が遅い傾向がある**ということを見出したのです。

それまでは、女の子のほうがおしゃべりで言葉の発達が早いことは、研究者でなくとも気がつくことでした。しかし、このように男女の言語発達の違いを示す脳科学的根拠は発見されていなかったので、当時、このことは大きなニュースになりました。

女の子が小さな頃から人の話をしっかり聞けたり、おしゃべりが上手だったりするのは、脳の記憶系エリアの発達が早いからです。

逆に、男の子はもともと記憶系脳番地の発達が遅れ気味なので、聞く力も弱いというわけです。

話を聞かない男の子が伸びない、脳科学的なワケ

男の子が話を聞かないのは、「脳の聴覚系、または記憶系脳番地の働きが弱く、聞けないから」ということをお伝えしました。

しかし、子どもの時期、とくに小学生のうちは、耳を使える子のほうが何かと有利なのが事実です。

家庭での会話はもちろんのこと、学校生活でも「次は教科書を持って図工室へ移動します」「体育着は明日も使うので持ち帰らないように」など、大切なことは「先生から話して伝えられる」ことがほとんど。

さらに、授業を理解するのにも、先生の話を漏らさずにきちんと聞くことが第一歩です。

耳からの情報が多い学校生活は、女の子より、男の子のほうが苦労するといえるで

しょう。

実は、私自身も幼い頃から聞く力が弱く、大学生まで学校生活には苦労しました。先生の話を聞くのはもちろん、授業の中でもずいぶんと大変な思いをしたものです。中でも、人の朗読を聞き、それについて話しあうような「国語」や、耳から聞いた曲を歌や楽器で再現する「音楽」などの授業がとくに苦手でした。

しかし、そんな私でも、今では聴覚系脳番地を活用する医者という仕事につき、日々、患者さんの話に耳を傾けることができています。

たとえ、子どもの頃に「耳を使うのが苦手」だったとしても、必ず聴覚系脳番地は育てることができるし、英語だって38歳頃から聞いて話せるようになりました。

私自身が「脳の聞く力」を育てることができた代表例だと、自負しています。

「聞く力」は脳全体に影響を及ぼす！

42ページのイラストで示したように、聴覚系脳番地は、記憶系脳番地以外の6つの脳番地とのネットワークも強力で、連動して成長する傾向にあります。

そのために、**うまく聞けていないと、記憶力はもちろん、言語能力やコミュニケーション能力も育ちにくくなってしまうのです。**

教育学的に「人の話を聞ける子は伸びる」といわれていますが、それは脳科学的に見ても、まさにその通りというわけです。

実際、男の子が成長していく過程で、聴覚系脳番地がうまく育たないと、さまざまな弊害にぶつかることがわかっています。

脅《おど》かすようですが、聴覚系脳番地が育たないと大変なことになるという実感を持っていただくためにも、実例も踏まえ、具体例を5つ挙げていきましょう。

聴覚系脳番地が弱いと起きる5つのこと

① 記憶力が育ちにくくなる

聴覚系脳番地と、すぐ近くにある記憶系脳番地には密接なつながりがあり、双方が連動して発達していきます。

「聞く」という経験を豊富に積み重ねないと、記憶系脳番地も刺激されず、発達が促されません。一方で、記憶力が高まらないと、聞く力もアップしないのです。

当然、音楽の授業では歌の歌詞を覚えることや音楽の楽器演奏が苦手になります。

また、聞いたことを振り返ることが少なくなるので、言われたことを覚えていないことが多くなります。すると、漢字の書き順や数学の公式なども覚えられず、成績が伸び悩みます。

② スケジュール通りに行動できなくなる

スケジュール管理ができるということは、生涯にわたり重要なことです。

まず、小学校に入ると、時間割り通りに生活することが求められます。次の授業は何で、教科書のほかに何を用意し、どの教室へ行くのか。先生の話が聞ける子はその準備ができますが、聞けない子は次の行動がわからず、遅れがちに。

また「時間管理能力」を司る記憶系脳番地の成長も促されないので、「30分間で給食を食べ終わる」「問題配分を考え、テストを時間内に終わらせる」というような、時計にあわせて動くことも苦手になります。記憶系脳番地にある海馬の発達が未熟だと、時間を意識して行動することができないのです。

③キレやすくなる・友だちができにくくなる

相手の言葉を聞き逃したり、聞いても内容が理解できない、という場面が多くなると、頭が混乱し、カッとなって手が出てしまうようになります。

また、コミュニケーション能力がしっかり育たないことで、会話にすれ違いが多くなると、「どうして、みんなわかってくれないの!?」と、自分勝手な怒りにつながることも少なくありません。聞いたことを理解系脳番地を使って十分に咀嚼《そしゃく》したり、理解し直すことができなくなってしまう恐れがあるのです。

さらに、相手の言葉にリアクションを取ったり、言葉のキャッチボールがうまくできない子は、周囲から孤立しやすく、友だちができにくい傾向にあります。聴覚系脳番地が、伝達系や感情系の脳番地と連動することで、友だちと楽しく過ごせるのです。

④じっくり考える力が育ちにくくなる

聞いたことをしっかり理解できないと、その問題をじっくり考慮する時間を持てません。そのため、すべてのことにおいて勘違いや早とちりが多くなります。

また、人の話を聞いてすぐに、相手の都合や気持ちを考えないまま、自分の思った通りの行動をしてしまうようになるので、「わがままな子」という印象を持たれることも増えるでしょう。これも聴覚系脳番地と思考系脳番地の連携がうまくいかないことが原因です。

⑤ 独り立ちが遅くなり、自信がない子になる

先生からの指示が耳に入らないと、忘れ物が多かったり、今日の宿題が何かわからなかったりして、集団生活からはみ出しやすくなります。そのため、社会性や時間管理能力も育ちにくく、常にナビゲーターが必要な状態に。いつまでも親を頼ることになり、なかなか自立できません。

また、自分の耳から入る言葉、もしくは頭に残る情報が正確でないと気づきはじめると、自分の行動に自信が持てなくなります。

「また、間違っているかも……」と大事な場面で発言しなくなったり、「恥ずかしいから」と聞き返すことをやめたり……。そのようなことが続くと、うまく聞けないこ

とが劣等感になり、「聞きたくない」「聞いても無駄だ」と思うため、よりいっそう聴覚系脳番地の働きが弱まります。正確に聞けていないことが感情系脳番地を不安定にさせ、自分への自信を失わせるのです。

気づけない親が、「聞けない脳」を加速させる

脳の聞く力が育たないことで起こるさまざまな弊害に、さらに拍車をかけてしまうのが、周りの大人たち、とくにその子の両親です。

落ち着きがない、言うことを聞かない、すぐ手を出す……など男の子の問題行動が「脳の聞く力の弱さのせいだ」と気づいていないと、親はその子の性格や考えなどを正そうとして「どうしてできないの！」とガミガミ叱ったり、長々と説教をしてしまいます。

しかし、それは男の子にとって最悪の対応なのです。

聴覚系脳番地の働きが弱い（＝聞けない脳）男の子が一度に理解できるのは短いセ

ンテンスだけです。３つの文を続けて話しても、全体の20％も脳に残らないのです。

長く叱ったところで、聞けているのは最後の部分だけですし、頭の中には言われた内容がちっとも残っていません。

そのため、**「聞けないゆえの問題行動が出る」→「ガミガミ叱る」→「聞けず、記憶できないから改善しない」→「もっと叱る」→「話を聞きたくなくなる・聞くことに劣等感を持つ」**という風に、どんどん悪循環にはまっていくことになります。

そう、男の子の脳の現状に気づけない親は、その間違った対応によって「人の話を受けつけない、困った行動を改善できない子」を育て上げてしまうのです。

聞ける脳さえ育てば、男の子は劇的に変わる

ここまで読んできて「もしかしてうちの子も聞く力が弱いのかも……」と感じたお母さん、お父さんも心配しないでください。

「脳の聞く力」は、何歳からでも育てることができます。

また、大変なトレーニングも必要ありません。ちょっと意識を変えたり、お母さん、お父さんの口グセを変えたりするだけで大丈夫。詳しい育て方はのちほどしっかり紹介していくので、楽しみにしてください。

伸びる男の子には、脳の聞く力が欠かせない！

脳の聞く力が育てば、男の子は劇的に変わります。

それは、子育てがラクになるという意味の変化だけではありません。

簡単にいえば、46〜50ページで紹介した「聴覚系脳番地が弱いと起こること」と逆のことが起きるのです。


記憶力が育ち、時間が守れ、簡単なことではキレなくなる。

物事をじっくり考えるようになり、友だちもたくさん。

時期がくればきちんと親から自立し、自信を持って自分の道を歩んでいく……。


聞ける脳を育てるだけで、お母さんたちが今、直面している「子育て中の困った出来事・悩み」が解決し、「男の子の嬉しい成長」まで実感できるのです。

さらに、将来の可能性もぐんと広がるでしょう。


しかし、「脳ってそんなに簡単に変えられるの？」「脳の潜在能力って、生まれたときから決まっているのでは？」と、疑問に思っている方もいるかもしれません。

たしかに顔や体つき、体質などは、親から受け継いだ遺伝子によっておおよそが決まりますが、聞くのが得意、動くのが苦手……などの脳の特徴は、あくまでも「脳番地への栄養」が決め手です。

どのような環境で、どのような情報や経験を得たかということが脳への栄養となり、それによって、脳は成長の仕方を変え、個性を表していきます。

つまり、生まれ持った遺伝子よりも、「どんな環境で過ごしてきたか」「どんな音や言葉を聞き、どんなものを見てきたか」という環境や経験のほうが、脳の成長には強く影響するのです。

ですから聞ける脳は、聴覚系脳番地に適切な情報（音・言葉）が届いて、活性化すれば、どんどん発達していきます。

しかも子どもの脳は、大人よりも格段に吸収力が高く、成長が目まぐるしい状態です。自分の身の回りにあるものから情報を得て、目的の脳番地へその情報を届ける「脳の道路」が一度できれば、そこからぐんぐん育ちます。

聞く力が脳全体の成長を促す

聴覚系脳番地が育つと、耳からたくさんの情報が入るようになります。

すると耳から情報が入ることによって、さまざまな脳番地も働きはじめるようになるのです。

聴覚系脳番地によってインプットされた情報を材料として、主に働くのは、記憶系、理解系、伝達系の脳番地です。

まず、記憶系脳番地が働き、耳から入ってきた情報を必要なときに思い出せるよう正しくストックします。

その後、理解系脳番地が働き、入ってきた情報を〝意味〟にまで落とし込みます。

そして最後は、伝達系脳番地の働きによって、その情報に対して、「話す」「書く」などのなんらかの反応を示し、今度は自分から情報をアウトプットするのです。

実は、**脳が成長するために欠かせないのが、この「情報を入れること」と、「情報を出すこと」のふたつ。**これらふたつの経験を積み重ねることで脳はどんどん成長していきます。

また、**脳番地は、ほかの脳番地とネットワークをつくって一緒に働くことで、強化される**こともわかっています。

ですから、きちんと話を聞けるようになり、「聞いたことを話す」「聞いたことを書く」という行為ができれば、さまざまな脳番地を協力して使うことができ、脳内のネットワークが強化され、さらに各脳番地自体も大きく成長するのです。

脳の中の、**聞いて（聴覚系）→理解して（理解系）→話す（伝達系）**という伝達系ルートは、**「フォノロジカルループ」**と呼ばれ、一連のループ状になっています。

ループの最初の部分は「聞く」という行為。

聴覚系脳番地が未熟で聞くことができないと、このルート全体が育ちません。

しかし、反対にスタート地点である聴覚系脳番地を育てることで、このルート全体の強化が可能になります。

つまり、話が聞けるようになると、同時に言葉の理解も進み、話すことも上手にできるようになるのです。

この「フォノロジカルループ」がしっかりつながっているということは、左脳の言語領域がきちんと活動し、脳の広い範囲が発達しているということを意味します。フ

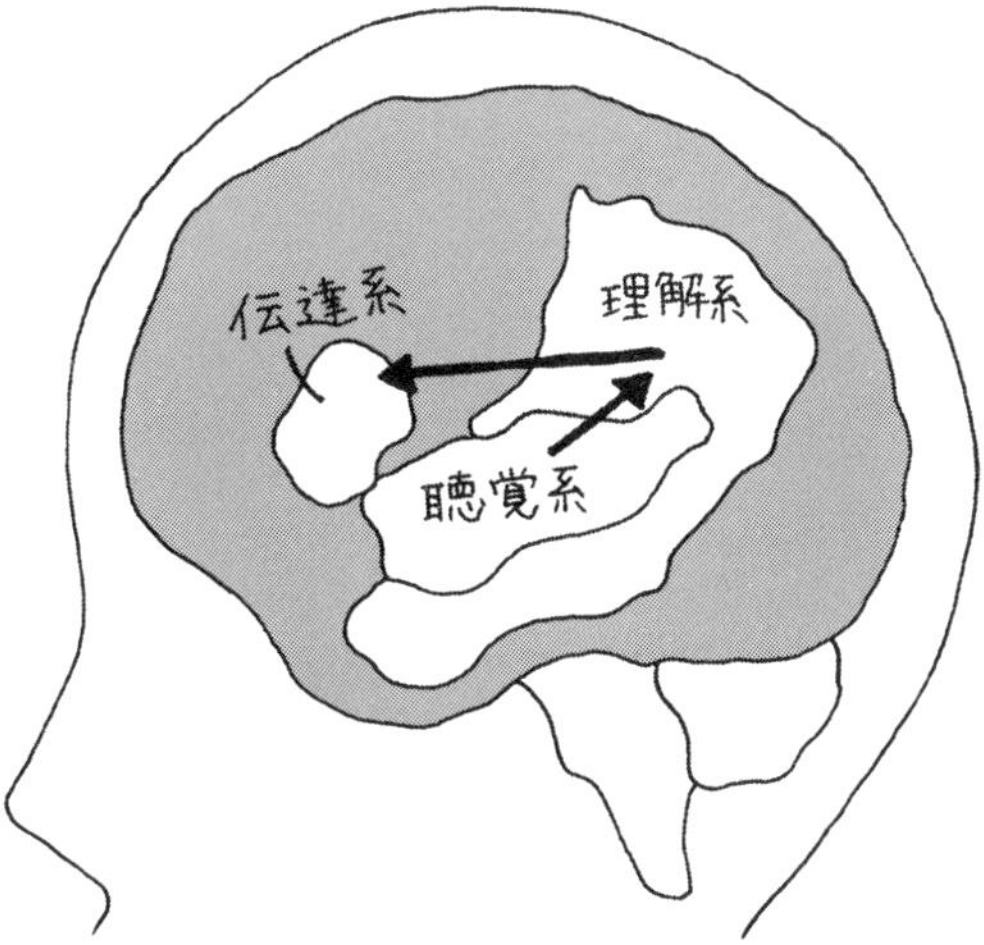

ォノロジカルループは、脳科学的には「ここを強化すると頭がよくなる」といわれる場所でもあるので、ぜひ覚えておいてください。

聞くことができるようになると、脳番地を鍛える一連の行為のスタートを切れるようになり、それをきっかけにさまざまな脳番地を偏りなく、広く、使えるようになります。

聴覚系脳番地の成長によって、脳全体の成長スピードは格段にアップするのです。

地頭のいい子は聞ける脳を持っている

「聞ける脳」が育つと、授業内容がきちんと頭に入るようになり、相乗効果で記憶力も高まるので、学校での成績は格段にアップします。

聞ける脳が育ち、学力が上がることはよいことですが、しかし、それにとらわれ過ぎるのもよくないと、私は思っています。

幼児から小学生の時期は、あくまでも「脳の基礎力（土台）」をつくる時期です。

脳の基礎力とは、聴覚系脳番地や視覚系脳番地を使って、情報をありのままに脳に取り入れ、さらにそれを理解系脳番地で理解し、伝達系脳番地でその情報をもとに、アウトプットをする力。

つまり、情報を集めて、自分なりのかたちにして出す力、です。

これが生涯わたって成長していく脳の基礎となります。

ですから、必ずしも、学校や塾での成績が優秀であることを望む必要はありません。学校での勉強は暗記さえできていれば、自分の頭を使っていなくても、よい成績を取れるものも少なくないからです。

もし成績がよくなったら、「聞く力」を手に入れた副産物であると思ってください。

さらに、頭がよい子というのは、話を聞ける子、そして聞いた話を受けて「よいコミュニケーションが取れる子」です。

多くのお母さんたちは、勉強ができる子を頭がよい子だと思いがちですが、**勉強ができるけれど会話ができない子より、話をしっかり聞ける子、よい雰囲気で会話ができる子のほうが社会に出てからは強い力を発揮します。**

私はこれまでにさまざまな職業、年齢の1万人以上の方々の脳画像を見てきましたが、実業家や組織を束ねる経営者などの脳は、皆、聴覚系脳番地が発達していました。

周りの人の言葉や周囲からの情報を的確に聞き入れる力が、ずば抜けて高かったのです。

聞く力が高いということは、情報収集能力がそれだけ高いともいえるでしょう。

経営者は日々、さまざまな出来事を分析し、判断する必要があります。

聞く力が低ければ、分析・判断の材料となる情報をきちんと集められず、的確な判断を下すことができません。

聞く力があるからこそ、質の高い情報を多く集めることができ、精度の高い判断ができる脳が育つのです。

聞ける脳が育つことで、成績アップはもちろん、それだけにはとどまらない〝地頭のよさ〟まで、手に入るといえるでしょう。

第2章

〝ちょっと待つ〟だけで、脳の聞く力はどんどん育つ

なぜ待つことで、脳が変わるのか

小児科医で脳科学者の私が、「なんと親が〝ちょっと待つだけ〟で、子どもの脳が変わるんです！」というと、驚かれるかもしれません。

しかし**「ちょっと待つ」は、「脳に有効なトレーニング」です。とりわけ、聴覚系脳番地には、最も効き目のある脳トレといえます。**

本書では第4章、第5章で「聞ける脳」を育てるのに効果のある遊びや習慣を紹介します。

しかし、そのような遊びや習慣をはじめる前に、まずやってほしいことが「ちょっと待つ」ことなのです。ちょっと待つことは、日々の心がけしだいで、どこでも、すぐにでき、かつ、男の子の脳にも劇的な変化をもたらすからです。

ヘアバンド状に脳を輪切りにしたときの
左側頭葉のMRI画像(13歳の男の子の脳)

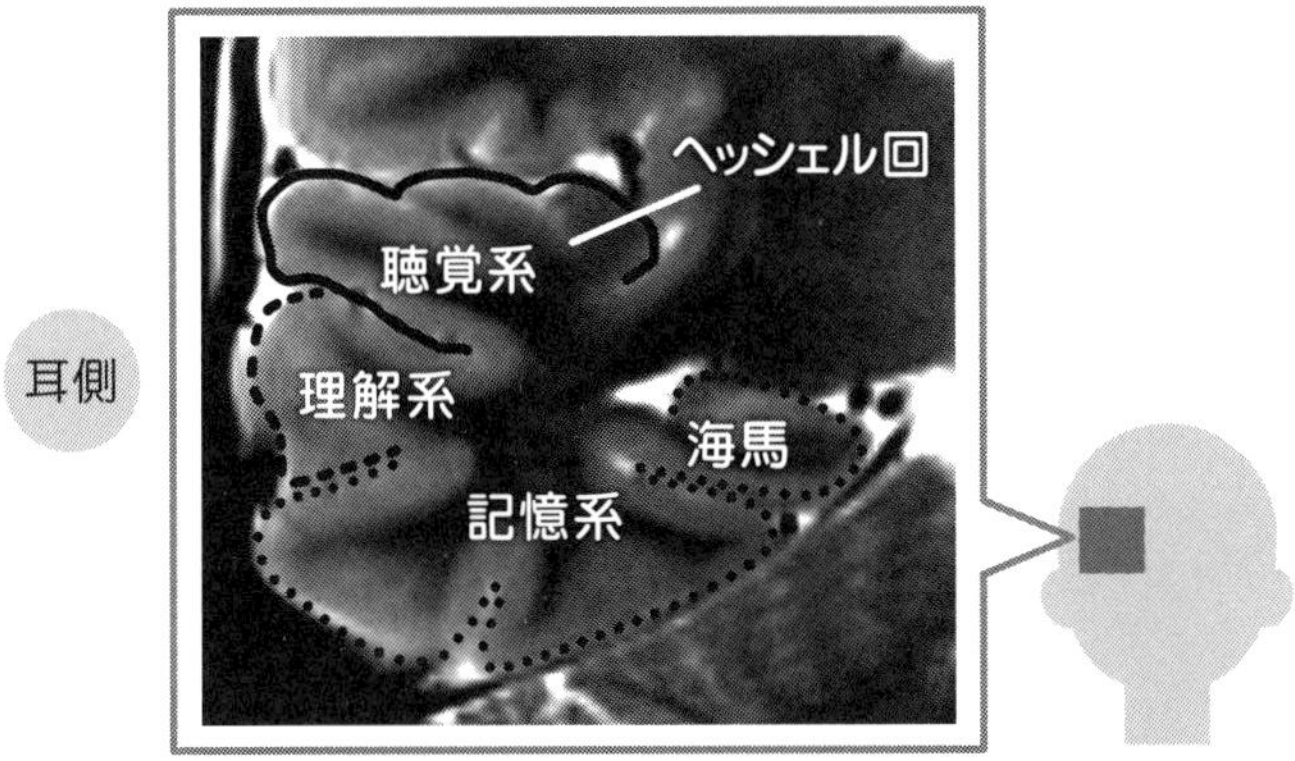

「ちょっと待つ」は最新の脳科学的アプローチ

なぜ、「待つこと」がトレーニングになるのか、その脳科学的な理由を説明していきましょう。

まずは、上の図を見てください。

このMRI画像は、左脳の側頭葉を輪切りにした断面図です。左脳は、言語情報の処理に大きくかかわります。

この画像には、音の分析や言葉の聞き取りにかかわる聴覚系脳番地、言葉を理解する理解系脳番地、出来事を思い出したり、時間の処理にかかわる海馬を含む記憶系脳番地が写っています。

実は、「ちょっと待つ」が脳科学的な処方箋である理由は、この脳の構造からきているのです。

耳から入った音や言葉の情報は、中耳《ちゆうじ》、内耳《ないじ》と耳の中を通過して、脳幹から、この側頭葉にある聴覚系脳番地に届きます。

さらに、聴覚系脳番地は、クラシック音楽など言語を含まない音を受け取る番地（ヘッシェル回と呼ばれる部分）と、言語を受け取る番地にほぼ分かれています。

そして、聴覚系に送り届けられた音をもっと理解するためには理解系脳番地へ、記憶するためには記憶系脳番地へ、十分な情報を届けなければなりません。

このふたつの脳番地へ情報が届くことで、ようやく本当に「聞けた（＝聞いた内容がわかった、覚えた）」ことになります。**「聞ける脳」になるためには、聴覚系脳番地だけでなく、この「理解系」と「記憶系」の発達が必要不可欠なのです。**

しかし、脳の構造上、耳から入った情報を、いきなり理解系と記憶系に直接届けて、発達を促すことはできません。

その前に必ず通る聴覚系脳番地に十分な情報が入らないと、理解系と記憶系が育たないつくりになっているのです。

大人は認知機能が低下していない限り、聴覚系脳番地に情報が100％入れば、理解系脳番地と記憶系脳番地にもそのうちの80～90％くらいは届きますが、子どもの脳は未熟なため、半分も届かない場合がほとんどです。

むしろ、話を聞いていながらほかのことに興味が向いていたりしたら、お母さんがいくら頑張って話したとしても、最初の聴覚系脳番地に入る情報は、100％どころか、20％ぐらいになってしまいます。それほど、子どもの脳は未熟なのです。

そんな未熟な子どもの脳が、お母さんの話をただ1回聞くだけで、聴覚系・理解系・記憶系すべてに、音の情報（話の内容）を届けることができるでしょうか？

これは現実的にはなかなか難しいといえるでしょう。

そこで、入ってきた音情報をもっと効率よく、それぞれの脳番地に送り届けるのに役立つ方法が、「ちょっと待つ」なのです。

待つことで、脳のリアクションタイムが伸びる

子どもが、言われたことをすぐやれる、てきぱきとすぐ行動できることはたしかによいことです。

何事も反応時間（リアクションタイム）が短いと優れていると評価されます。

しかし、脳内での処理スピードが速いのは、必要な脳番地同士をつなぐ脳の道路がすでにできあがっている場合だけ。

子どもの脳の中の道は、まだできあがっていない砂利道のようなところがほとんどです。砂利道では、いくらF１レーサーが頑張っても、摩擦抵抗が大き過ぎてトップスピードは出せません。**つまり多くの子どもは、大人と同じことをするにも、脳内での処理に時間が数倍かかってしまうということです。**

脳の中のネットワークが砂利道のときには、ゆっくり進むのが正解。

ゆっくり着実に進むことで地ならしをし、スピードが出せる舗装道路をつくり上げるのです。

子ども、とくに男の子は「聞けない脳」の子がほとんどです。つまり、聴覚系が未熟な状態。もちろん、理解系、記憶系も未発達です。

そんな男の子の脳を育てるために、お母さんができること。

それは、**「話しかけたら適度に時間を置く」。つまり、「ちょっと待つ」ことです。**

さらに、話しかけたあとは、子どもの状態をよく観察しましょう。

表情が変わらない、行動も起こさない状態だったら、それは情報が脳に届いていない証拠なので、もう1度、同じ言葉を伝えてあげてください。

聴覚系に十分言葉が届かなければ、あるいは、届いていても、記憶系や理解系にその言葉がとどまる時間がなければ、子どもは行動を起こせません。

普段、男の子に声がけをしたあとで、お母さんたちがなかなか子どもを待てないのは、子どもが動かないためでしょう。

「早く着替えなさい」と言っても、子どもが着替えをしなければ、もう1度「着替えて！」と言いたくなるのも、無理はありません。

ただ、それは「聞こえていない」のではなく、「聞けていない」ため、聞いた内容が動きにつながらないのが原因なのです。

また、子どもが話を理解し、それについて返事をするためには、口を動かす運動系脳番地や、話す内容をまとめる伝達系脳番地の働きも必要になります。

子どもの脳内が、聴覚系脳番地と伝達系脳番地の間で必死にやりとりをしているときに、お母さんがいろいろ言い過ぎると、子どもは「もういやだ!」と怒り出したりするかもしれません。

こうなると男の子の脳の感情系脳番地が悪いほうに活性化してしまいます。するど、それ以上何も考えられなくなるので聴覚系脳番地、伝達系脳番地はもちろん、思考系脳番地まで発達しにくくなってしまうのです。

ですから、「まだできないの?」と急かしたり、「こうしたら早いのに」と先回りしてアドバイスするより、**たとえ時間がかかっても、男の子が自分の脳を働かせているのをだまって見守るほうが、男の子の脳の成長にはずっと役立つのです。**

脳番地同士の舗装道路ができあがり、聞いたことが頭の中でつながるようになれば、男の子のほうからしっかりリアクションが返ってくるようになります。

しかし、それまでは、お母さんのほうもリアクションタイムを長くすることが、脳科学的に正しいということ。

このように「ちょっと待つ」は子どもの脳のネットワークを砂利道から高速道路に変える脳科学的なアプローチなのです。

お母さんは、子どもの脳に考えさせるだけでいい

これまで私の脳の強化外来で接してきたお母さんたちは「ちょっと待つ」だけ、すなわち、子どもと接するとき、これまで以上にリアクションタイムを長く取ることで、ずいぶんと子育てをラクにしてきました。

また、お子さんとの口ゲンカも激減して、親子関係を改善しています。

男の子にとって、親の言動は「聞ける脳」の成長を促す「栄養」にもなりますが、その言動しだいでは、逆に脳の成長を妨げてしまうこともあります。

そこで、絶対にお母さんやお父さんがやってはいけない行動をひとつだけ、ご紹介します。

これをすれば、ほかにどんないいことをしても、男の子の聞ける脳は、絶対に育ちません。聞ける脳を持つ男の子を育てたければ、これだけはしないように注意してください。

どんなときでも、すぐに言い返さない

絶対にやってはいけないのは、子どもの話を最後まで聞かず途中で遮《さえぎ》ったり、話を聞いたあと、すぐ頭ごなしに反論することです。

忙しいときや急いでいるときは、子どもが何か言ったり、ぐずったりすると「でも、○○でしょ！」「だから、それは○○なの！」と、瞬時に言い返したくなりますが、男の子の聞く力を育てる上で、これだけは絶対にやってはいけません。

実はこの行為は、聞ける脳だけに限らず、子どもの脳全体の成長を妨げてしまう非常に危険な行為なのです。

子どもが何か言うたびに、ぱっぱっと言い返すその会話の様子は、まるで卓球のスマッシュ返しのようなので、私はこのような話し方をするお母さんを「卓球お母さん」と、呼んでいます。

卓球お母さんのこのスマッシュ返しのような言葉がけですと、子どもには短いリアクションタイムしか与えられません。これが、聴覚系脳番地の発達を妨げる可能性となるのです。

今までお伝えしてきた通り、子どもの脳は未熟なので、複数の脳番地を同時に働かせることがうまくできません。

子どもにとって、聴覚系脳番地で相手の話を聞き、理解系脳番地で内容を理解する、というのは、とても高度な脳の働きです。

大人と違って、聞いた内容を理解するまでには、少し時間が必要なのです。

ですから、お母さんに矢継ぎ早に話をされると、言葉の意味を取る時間がなく、話の中身をきちんと理解する余裕もありません。

これが日常的に続くと、意味ではなく「音」のみ、つまり話の表面しか聞けない脳になります。

また、話をしっかり聞かず、理解もできないと、そのあとの情報の行き先である思考系や伝達系の脳番地も働かないので、脳全体が使われる機会を逃してしまうのです。

しっかり伝えたいときほど「間を取る」のが大事!

親子で話すときは、上手に「間」を取って、子どもが脳番地の処理を順番に進めていく時間を確保することが大切です。

それには、

- **瞬発的に返答せず、一拍置いてから話し出す**
- **子どもがなんらかの反応(相づち・返事など)をするまで次の話はしない**
- **子どもの返答を急がずに待つ**

というのが理想です。

とはいっても忙しい毎日の中で、これを全部意識して実践するのは難しいでしょう。

まずは、できるだけやさしく「ささやくように話す」ことからはじめてみましょう。

身近にいる話し方がゆっくり、のんびりな人をイメージしながら、自分もそうやって話すように意識し、卓球お母さんから「ささやき母さん」に変わるのです。

クリニックでもよく感じるのは、おっとりと話すお母さんの子どもは、総じて頭がよかったり、脳の成長が早いことです。

おそらく、お母さんがゆっくり話すおかげで、子どもの脳で「考える」時間がしっかり確保されているのでしょう。

早口やキンキン声で話すことがクセになっている人は、息の吐き際に話すよう意識するだけで、声のコントロールが容易になります。ぜひ試してみてください。

子どもの可能性を広げたければ余計にしゃべらない

子どもが、言われたことを何でもてきぱきとすぐ行動することを日々、私自身も夢見て子育てをしてきました。しかし、理想と現実は違います。

世の中のお母さん、お父さん方も、
朝の支度が遅ければ「早くしなさい！」
遊んでばかりいれば「宿題終わったの？」
服が脱ぎっぱなしなら「洗濯カゴに入れて！」
など、毎日、子どもに向けてたくさんの言葉をかけて過ごしていると思います。

親の言葉は、子どもにとって絶対であり、子どもの脳に大きな影響を及ぼしますが、その**親の言葉よりもっと大切で最強な脳の栄養があるとすれば、待つことです。子どものことを少し待つだけで、聞ける脳になると断言できます。**

ただし、「待つだけ」とは、何もしないで、無視することではありません。

大切なことは話し、それ以外の余計な言葉をかけない、ということです。

子どもの成長を阻《はば》む親は待てないだけでなく、「むやみに口走る」こともしています。待つにもコツがあるのです。

「余計な言葉の介入」が成長を妨げる！

男の子の子育てによくある失敗は、余計な言葉の介入です。

ふたりの男の子を育ててきた私も、母子の会話に余計な介入をしてしまい、何度となく、地雷を踏んできました。

先日も、朝7時半に家を出る予定の子どもに対し、妻が「支度してね」と言い、それでも本人は全く動いていないという状況がありました。

それを見た私が、参考までにと「今、7時25分だよ」と言った途端、子どもがキレてしまい、余計に支度が進まない事態に……。

子どもは「そんなの知ってるんだよ」「母親、父親のふたりから言われたくない」と思ってしまったのでしょう。感情系脳番地が活性化してしまったのです。

母親や子どもに助け船を出したと思っていたら、思わぬ方向に飛び火して、何の役にも立たなかった……。私と同じような失敗をくり返しているお父さんも少なくないかもしれません。

父親は何か言葉をかけるよりも、寄り添って一緒に遊んでいるほうが効果的なこともあります。時間を共有することが父の言葉であり、遊ぶことが会話である、ということを痛感した出来事でした。

父親に限らず、母親であっても、「しゃべり過ぎ」は脳によい影響を与えません。

未熟な子どもの脳に、必要以上の言葉をかけるのは逆効果。情報を処理しきれずにフリーズしてしまうか、感情が高ぶって爆発してしまうだけです。

それに「しゃべらずに待つこと」は決して、消極的な対策ではありません。

むしろ、子どもの脳に対しては積極的な対策といえます。

とくにお母さんは、子どもに言葉をかけることこそが母の仕事のように感じるかもしれませんが、脳の成長を考えれば、余計な言葉をかけないことも、立派な仕事なのです。

「待てば海路の日和あり」という待つことの大切さを説くことわざがあります。待つことで、男の子の脳の聞く力は伸び、男の子の行動はガラリと変わるのです。

やることをやって、親は待つ。

大変だとは思いますが、この余裕がその後の男の子の脳に大きく影響してくることを、どうか忘れないでください。

待っても変わらなければ、発達障害の可能性も

聞けない脳が、いくら待っても改善しない場合は、発達障害の可能性を考える必要があるでしょう。

聴覚系脳番地の未発達は、発達障害の中でも「自閉症スペクトラム」と、「注意欠陥・多動性障害（ADHD）」に多く起こります。

自閉症スペクトラムは、人との関係性を適切に築く、情緒的なやりとりをする、などの社会的なコミュニケーションが苦手なために、集団生活での適応に支障が出る障害。人との会話がうまくいかず、対話できないために、聞くチャンスも減ってしまい、聴覚系脳番地が未熟なままになってしまいがちです。

また、ＡＤＨＤは、人の話を聞いていないように見えたり、注意を向ける対象がコロコロ変わる「不注意」、落ち着きなくいつもソワソワしていてじっとしていられない「多動性」、急にカッとなって怒ったりする「衝動性」の３つを主症状とする障害。集中できず、人の話を落ち着いて聞くことができないので、同じく聴覚系脳番地が弱い傾向があります。

発達障害は、お母さんのせいじゃない

文部科学省の調査（平成24年版）では、普通学級に通う公立小中学生の６・５％に発達障害の可能性があることが示されています。さらに、平成27年、４月にカナダ・バンクーバーで開催された国際ＡＤＨＤ学会では、子どもの10人にひとりぐらいの割合でＡＤＨＤがいると報告されました。

つまり、特別支援学校や支援学級に通う子どものほかに、約40人のクラスに少なくとも３～４人は発達障害が疑われる子どもがいるということです。

このように、身近な存在になってきた発達障害ですが、周りの人から

「親の教育が悪いから、子どもがあんな自分勝手な行動を取るんだ」

「お母さんのしつけが悪いから、あの子は落ち着きがない」

などと言われ、苦しんでいるお母さん、お父さんがまだまだ多いようです。

しかし、**発達障害は、脳の発達が遅れることによって起こる障害。**

決して、教育やしつけが原因ではありません。

まずはお母さん、お父さんたちが自分を責めることのないようにしてほしい、と思っています。

早く気づいて、適切な環境を整えることが大切

お子さんに発達障害が疑われる場合は、早く診断を受け、できるだけ早い段階で、その子に適した環境を整えてあげることが非常に重要になります。

脳を積極的に発達させる薬、すなわち発達障害を完全に治す薬はありません。

病院で医療にもとづいた介入を行ったり、学校や家庭で教育的な対応をしていくことが治療になるのですが、その対応が早ければ早いほど有効ですし、家族の負担も軽

減されるため、早期発見が何より大切なのです。

そこで、お母さんが自分で判断する目安となるよう、発達障害の子の特徴的な行動を挙げてみました。次の行動のうち、4つ以上あてはまる男の子（4歳半以上）は発達障害の可能性があるので、専門機関に相談してみることをおすすめします。

- **朝、なかなか起きられない**
- **睡眠のリズムが崩れやすい**
- **目があわせられない**
- **イスに落ち着いて座っていられない**
- **集団の中でも、ひとりで勝手に遊んでいる**
- **爪を噛むなど、いつも必ずするクセがある**

就学前に発達障害に気づいてあげることで、入学してからの学校生活が劇的に変わります。

とくにＡＤＨＤは、専門機関や病院で治療を行ったり、家庭で訓練したりすることで、かなり話が聞けるようになるため、知能指数もアップするといわれています。

また、発達障害と診断された場合、専門機関で行う介入のほか、家庭でできる対処法や改善法もあります。ＡＤＨＤ治療の第一選択は投薬ではありません。まず、認知トレーニングや本人と家族、学校などの環境調整を行うことです。

これから紹介する対処法は、診断はされていないけれど疑わしい場合や、聞けない脳を積極的に成長させたいという場合にも有効なので、ぜひ試してみてください。

モーニング機能の改善が、脳を成長させる

子どもが朝ひとりで起きられず、しっかり目覚めるまでに1時間もかかってしまったり、起こしても機嫌が悪くてケンカになってしまう、ということはありませんか?

実は、朝起きられないというのも発達障害の子どもの特徴なのです。聞けない脳の子にも、この特徴がよく見られます。

生活リズムや時間管理能力を司っているのは記憶系脳番地。

ここが未熟な子どもは、朝起きられない、きちんと頭が覚醒するまでに時間がかかる、9時間以上寝ても寝足りないなど、睡眠関連のトラブルが多い傾向にあります。

そして先にお伝えした通り、聴覚系脳番地と記憶系脳番地は非常に強力なネットワークでつながっており、連動して成長します。つまり、記憶系が弱いと聴覚系も弱く、「聞く力」も伸びないのです。

逆にいえば、規則正しい就寝・起床をすることで、記憶力が高まり、「聞ける脳」になることも可能ということ。

とくに、「起こされなくてもひとりで起きる」「すっきり目覚める」「朝ごはんをしっかり食べる」というモーニング機能をしっかり行えるように改善することは、脳の成長に大きな影響を与えるのです。

また、覚醒の度合いが弱いというのは、脳全体の発達が進んでいない証拠でもあります。生活リズムを整えたり、目覚まし時計を活用したりして、ぜひすっきり覚醒する練習をしてみてください。

今、注目の栄養素が「聞ける脳」をサポート

脳をつくる成分は、食事から摂《と》らなければなりません。食事の内容が悪いと、当然、脳も衰えます。

また、脳が発達するための栄養が足りないと、イライラしてしまうこともわかっています。子どもの脳を積極的に育てたいなら、ぜひ脳によい栄養素を摂らせましょう。

とくに、**男の子を育てるお母さんたちにおすすめなのはＤＨＡ（ドコサヘキサエン酸）、ＥＰＡ（エイコサペンタエン酸）を含む「プラズマローゲン」。**

これは、認知症の予防に効果があるとして、今、注目を浴びている栄養素です。

なぜ、認知症によい食事内容が、発達障害や聞く脳育てにもよいのか、疑問に思われる方もいるかもしれません。

実は、脳の中で、発達障害の原因になる箇所と、アルツハイマー型認知症の原因になる箇所は同じ、海馬と扁桃体《へんとうたい》です。海馬は記憶と学習にかかわる場所で、扁桃体は

情動や社会性にかかわる場所。

認知症の人は、その2箇所をこれ以上壊れないよう強くしなくてはなりませんし、発達障害の子は、そこをもっと伸ばさなくてはなりません。理由は違っても目的が同じなので、役立つ栄養素も同じというわけなのです。

プラズマローゲンは、脳の神経細胞であるニューロン同士をつなぐ「線維のもと」となります。

アメリカの研究で、アルツハイマー型認知症の患者の脳はこのプラズマローゲンが減少しているということが報告され、九州大の研究では、プラズマローゲンを摂取することで、認知機能が改善することがわかっています。

このプラズマローゲンが含まれるおすすめの食材は、DHAやEPAも入っている「ホタテ」、抗酸化作用も強い「鮭」、ビタミンEや亜鉛も豊富な「タコ」など。鶏肉や、そのほかの貝類にも含まれています。

また、脳のネットワークが強くなる「ビタミンB群」、脳の情報伝達を活性化する

「カルシウム」なども積極的に摂りたい栄養素。

ぜひ、毎日の食事に意識して取り入れましょう。

より積極的に発達障害の改善を目指す場合は、プラズマローゲンのサプリメントを利用するのもおすすめです。

実際、サプリを飲むことで落ち着き、集中力も上がり、服薬量を減らすことができた発達障害の子どももいます。

逆に、じっと集中しなければならないときには、炭酸飲料や糖分は控えましょう。

一時的な気分転換のつもりが、かえって思考系脳番地の働きを低下させることにつながります。

行動や生活の改善で効果がない場合は、投薬という手も

前述したように、発達障害の治療は、専門機関や学校などで教育的な行動療法を行うほか、病院で医療的な介入を行うこともあります。それは主に、脳の働きをよくする薬の処方です。

私も外来で、ADHDの治療の一環として必要に応じて投薬を行うことがありますが、服薬開始後わずか1~2週間ほどで、お母さんと目をあわせて話せるようになったり、じっくり人の話を聞くことができるようになったりします。投薬によって、聞けない脳が、聞けるようになることもあるのです。

「薬は副作用が心配」「ずっと飲まなければいけないのでは」と、投薬をためらうお母さん、お父さんもいると思います。

しかし、子どもが成長し、脳も育てば、将来的には薬を飲まなくてよくなるケースもあるので、あまり恐れずに、ひとつの選択肢としてとらえてもらえればと思います。

第3章

脳の聞く力は「家庭」で伸びる！

学校教育だけでは「聞ける脳」は育たない

人間の脳は、遺伝子よりも、「環境」や「人との関わり」に影響されて成長します。

子ども時代の環境といえば、家庭のほかにも学校という大きな存在があります。

国語や算数といった学習、先生対生徒という人間関係など、子どもが初めて経験する小さな社会ともいうべき「学校教育」。

授業でも生活全般でも、人の話を聞く機会が増えるので、男の子に必要な聞く力が鍛えられそうな気がしますが、実はそうでもありません。

現在は、時代と共に学校の教育方針が変容したこともあり、学校教育では、聞ける脳が育てられにくくなっているのです。

「聞ける子」と「聞けない子」の差が広がるのが授業

学校の授業は、ひとりの先生が、大人数の生徒に向かって話す「講義形式」です。今まで家庭の中でお母さんやお父さんとの1対1なら話が聞けていた男の子も、この形式の授業になると、途端に集中できなくなったり、聞き漏らしが増えたりします。

これは、男の子が女の子に比べ、聴覚系脳番地の働きが弱いため。

先生がクラス全員に向かって話すことは、自分に向けられた言葉ではないと脳がとらえて、注意力がなくなり、話の内容が頭に残らないのです。

これが日常的に続くと、「聞ける子」と「聞けない子」の学力の差は、授業のたびにどんどん広がっていきます。

また、脳はふたつの脳番地を一緒に動かすことで、脳番地間のネットワークが強化され、みるみる成長していきます。

「聞いたことを書く」「聞いたことを話す」「見聞きした動きを同じようにくり返す」

などを行うと、脳内のネットワークの結びつきが強くなり、子どもの時期に育てたい脳の基礎力が高まるのです。

これまでの学校教育でよかったのは、先生の話を聞き、黒板を見ながらノートを取るという行為ができたことでした。

「聞く・見る」→「書く」という流れの中で、聴覚系脳番地、視覚系脳番地で情報をインプットし、書くという行為で、情報をアウトプットできるからです。

「先生から聞いたことをノートに書き取る」ということは、男の子にとって、聞く脳を育てるのに、最も適したトレーニングだったのです。

しかし、英語の必修化をはじめ、小学校の6年間で学ぶべきカリキュラムは、昔と比べ大幅に増加しました。

一方で、土曜の休日化や、学校行事の強化によって、学べる時間は減っています。よって、少ない時間で効率よくカリキュラムをこなさなければならない状況になっています。

そのため昔のように「書き取り」という教師にとって非効率なことに、ゆっくり時間を割いていられず、タブレットなどを使った授業が普及し、ノートを使って書き取りをする授業が少なくなっているのが現状なのです。

「聞ける脳」を育てる一番の先生は、お母さん

このように**学校教育では、男の子に必要な「聞ける脳」はなかなか育てられません。**

そうなってくると、聞く脳を育てるのは、「家庭の役割」ということになります。

役割なんていわれると、ちょっと難しそうな感じがしますが、実はとても簡単。

お母さん、お父さん自身の「聞き方」を、子どものお手本になるようなものに変えればいいのです。

お母さんは子どものお手本になりやすいはずです。なぜなら、そもそも女性は、聴覚系脳番地が発達し、聞く耳をしっかり持っている人がほとんどだからです。

お母さんと息子の関係は「聞き方を知っている（できている）人」＋「教わる（できていない）人」の関係です。お母さんが何かを勉強し直したり、新しい能力を身に

つける必要はありません。

自分の得意な「聞き方・接し方」を、息子に向かってすればよいだけ。

そう聞くと無理せず、ラクにできる気がしませんか?

子どもと向きあったときに、どういう態度で聞くか、どのような言葉をかけるか、どんな表情で接するか。そんなことを、今までよりちょっと意識するだけで、子どもの「聞く力」はグンと伸びます。

〝子は親の鏡〟とはよくいったもので、実際、お母さん、お父さんの様子を見ると、その子どもが聞ける子かどうかは大抵わかります。

機関銃のようによく自分のことばかりしゃべりつづけるご両親の子は、聞く力が弱いことが多いですし、間を取ってゆっくり、おっとりと話し、相手の話もよく聞くご両親の子どもはきちんと人の話を聞ける場合が多いのです。

脳の一番の栄養はお父さん、お母さんの言葉

周りの環境によって変化しやすい子どもの脳へ、最も影響を与えるのは家庭やそれをつくる家族という存在です。

子どもたちは家の中で日々、「脳の使い方」を学んでいるのです。

とくに、思春期未満の子どもにとって、親というのは最も身近にいる大人の代表。親たちの生活の多くを、子どもたちは「お手本」にします。中でも生活の中で何度もくり返される親の「習慣」や「口グセ」は、子どもの脳への影響が非常に大きいのです。親子の性格や、行動傾向が似てくるのはそのためです。

男の子は耳（聴覚系脳番地）より、目（視覚系脳番地）の働きが強いこともあって、

言葉や言い方だけでなく、それを言っている「状況」を見て、考えたり感じたりすることが多くあります。親としては「え？ こんなところまで見てるの？」というところまで、男の子はしっかり見ているのです。

たとえば、子どもには「人の話はしっかり目を見て聞いてほしい」と言いつつも、親自身は、子どもやパートナーの話を「ながら」で聞いたり、きちんと最後まで聞かず、口をはさんだりしていませんか？

また、子どもには「ぐずぐずしないで」と言いつつ、親はブツブツ文句を言いながら子どもの世話をしたり、面倒くさがりながら家事をしたりしていませんか？

そのような親の行動を男の子は見て、そこから脳の使い方を学び取っています。

親がそれらの行動を続けていると、子どもの脳は

「お父さんはスマホを見ながら会話しているから、僕もテレビを見ながら話を聞こう」

「お母さんは僕が話し終わらなくても話し出すから、僕も最後まで聞かなくていいや」

「大人はいつも『疲れた』『面倒くさい』って言うし、僕もとりあえず文句を言おう」

などと考え、そっくりな行動を取るようになるでしょう。

だからといって、大人が今すぐ生活習慣やとっさのときに出てしまう口グセを変えるのは難しいでしょう。

ただ、**普段から自分は子どもに見られている存在だと意識してください。**

そして、何かするときには、一瞬でもいいので「子どもの脳にとって、これはいいのかな？」と振り返り、考えてほしいのです。

お母さん、お父さんがどんな聞き方、接し方をして、どんな言葉を使うか、そして行動するかが、男の子の脳の聞く力に大きく影響してきます。

「聞ける男の子」は、こんな環境で過ごしていた！

男の子は親の言動をよく見ていて、そこから学び取ります。男の子の聞ける脳を育てるため、「親の意識」と「子どもへの接し方」を少しだけ変えてみましょう。

そこで、ここでは男の子の聞ける脳を伸ばすために気をつけておきたい、夫婦や家族間での会話のちょっとしたコツをお伝えします。

意外に大事な「あれ」「それ」がない会話

夫婦や家族間だと、とくに共通認識事項が多いので「あれ」「それ」などの指示語を使うことが増えると思います。

傘を持っていくのを忘れているよという意味で「ほら、これ」とか、お皿を台所に持っていってという意味で「あれ、ちゃんとして」など……。

しかし、**子どもがそのような曖昧な言葉を聞きつづけると、細かい指示を受けたときに間違えやすくなったり、最後までよく話を聞かない大人になることがあります。**

子どもの脳は、「あれ」「それ」＋ひと言くらいの長さの指示に慣れてしまうと、細かくて長い指示を聞くのがつらくなり、しっかりと聞き取るのが難しくなるのです。

また、子どもの頃にきちんとした言葉を聞いていないと、将来、正確に話せなくなり、こちらの考えや気持ちが正しく伝えられなくなります。

子どもの頃からさまざまなものを「あれ」「それ」で済ませてばかりいると、その状態に慣れてしまい、本来の名前、正確な表現が、とっさに出てこなくなってしまうのです。

ですから、お母さんとお父さんが話すときでも、できるだけ正確な表現を目指しましょう。また、ある程度大きな声で、はっきり話すことも大切です。

そうして耳に正確な言葉が入ること、親が「綺麗な日本語」を少しだけ意識することで、男の子の聞ける脳は育つのです。

子どもの脳を育てるのは、きちんと話しあえる家族

「うちは正しい日本語、美しい日本語を使っているから大丈夫」と思っているお母さん、お父さん。では、顔をあわせて会話はできていますか？

お母さんが一生懸命話しかけているのに、お父さんはスマホを見ながらなんとなく聞いているだけ……。こんな光景よくありますよね。

このような日常の何気ない行動も、子どもの聞く力を妨げる原因になります。

そもそも、**脳は「見る」から「聞く」への切り替えが瞬時にできません。**

第1章でもお話ししたように、見ている（目を使っている）ときは聞く力が下がる、聞いている（耳を使っている）ときは見る力が下がる。

これは脳科学的にも明らかなので、スマホを見ているときに話しかけられても、脳の切り替えに時間がかかり、すぐには答えられないのです。

そんな親の様子を見ると、子どもの脳は「ながら」で聞く態度、きちんと答えない

姿勢、成り立たない会話の内容など、さまざまなことを学んでしまいます。
せめて相手に話しかけられている間は、スマホやゲームを置きましょう。

さらに、夫婦間の議論・ケンカでの一方的な話し方、そのときの相手の聞き方、会話の終わり方などは、子どもにうつりやすいので注意が必要です。

その中でも一番子どもの脳の成長を阻むのは「相手の言ったことを聞き入れず、はね返す」という習慣。

夫婦が瞬時に言い返しあい、「でも」「だけど」ばかりの会話をくり返していると、聞いている子どもも「相手の言葉を受け入れずに、言い返す能力」が育ち、ゆくゆくは相手の意見を聞き入れない脳になってしまうでしょう。

夫婦や家族の会話では、まずは「そうだね」と、相手の言ったことを引き受けることが大切です。

情報をいったん脳に入れて「わかろうとしてみる」態度を見せることが、子どもの脳の成長につながります。

「聞ける脳育て」ができるお母さんになる6つのコツ

子どもと一緒にいる時間が長い傾向にあるお母さんの存在は家族の中でもとくに、子どもの脳に大きな影響を与えます。

私は脳の強化外来でこれまで何組ものお母さん、お子さんたちとお会いしてきたのですが、その中で「聞ける脳」を持つ男の子のお母さんたちの言動に、いくつかの共通点があることがわかってきました。

多くのお母さんに共通している代表的な6つの特徴を紹介するので、ぜひ実践してみてください。

① 余計なこと、嘘になりそうなことは言わない

お母さんもお父さんも、我が子可愛さでいろいろ教えようと、つい過剰に説明した

り、余計な口出しをしてしまう場面があると思います。

でもこれが聞けるのは、脳がすでに成長している場合だけ。まだ成長途中の「聞けない脳」には処理しきれませんし、子どもの集中力を乱すことにもつながります。

むしろ、両親が余計なことを言わないことはとても大切。

親は多くのことを話そうとするのではなく、1つひとつ、時間を稼ぎながら、丁寧に話すことを心がけましょう。

なおかつ、誠実で、正直な親であることも必要不可欠です。

たとえば、予防接種のときに「今日は注射はしないよ」と病院へ連れていったり、「注射は痛くない」なんてごまかしたりするのはよくありません。痛い時間はすぐ終わるということ、体のために注射が必要であることを、きちんと話すのです。そうしないと、信頼関係を失い、より一層、親の話に聞く耳を持たなくなるでしょう。

お母さん、お父さんが子どもについ嘘をついてしまうのは、「言ってもわからないだろう」と思っているからかもしれません。たしかに子どもの脳は非言語を司る右脳が優位な状態のため、「聞いてわかる言葉」と「話せる言葉」に差があります。

しかし、話せないからといって、必ずしもわからないわけではありません。「詳しく話したってどうせわからないだろう」という親の姿勢は、子どもの聞く力の成長を妨げているかもしれません。

ですから、幼い子どもに対しても「この子は聞けている」「わかっている」と思って接することが大切です。

会話にはならなくても、親が物事について何でも真摯《しんし》に説明していれば、子どもの言語能力は鍛えられます。

② 子どもと共有する時間を大事にしている

「聞く力」をつけるには、日常生活の中で親子のコミュニケーションを増やすのが近道。でも、だからといって無理にたくさん話そうとする必要はありません。

お母さんは、せっかく子どもと一緒にいるなら、何か教えなきゃ、きちんとしつけなきゃと思ってしまいがちですが、それだと子どもに

「聞くことはいやなことだ。大変なことだ」

という記憶ばかりが残ってしまいますし、親子の絆も深まりません。

コミュニケーションの基本は「一緒の空間にいる」ということ。

そして、ニコニコ笑いかける、頭をなでたりハグしたりなどのスキンシップを取る、ということも立派なコミュニケーションになります。

このように「親子一緒の時間」を大切にしていると、感情系脳番地が育ち、相手のことを考えられる「思いやりのある脳」に。すると、相手の話もしっかり聞けるようになるので、そこからさまざまな情報を受け入れることができるようになります。

③ 子どもの話を否定しないで最後まで聞く

「聞ける脳」を育てるには、自分が話すより「子どもの話をよく聞く」ことに力を注ぐのが大切。

「自分の話を聞いてもらった」という記憶があると、そこから脳が学習し、人の話もしっかり聞けるようになるからです。

そしてそのときに大事なのは、子どもの話す内容について一切否定をしないこと。子どもが話しているときに、ダメ出ししたりすると、話すこと自体がいやになり、聞く耳もシャットアウトしてしまいます。

これは否定されることで、思考系脳番地に血が上って動揺してしまうため。「でも違うよ、それは……」「だから、そんなこと言ったたって……」などと否定されつづければ、素直に聞き入れる脳は育ちません。

ですから、たとえ親にとっては困った内容の話でも、怒ったり、叱ったり、口をはさんだりするのではなく、困っている・悩んでいる表情を見せつつ、とりあえず最後まできちんと聞きましょう。

とくに男の子は、女の子に比べ自ら進んで話をしないものなので、何でも話せる親子関係を保つことはとても重要。「何でも話していいんだ」「お母さんに話したいな」と子どもに感じてもらうことが大切です。

④ 子どもの話を聞くときは、「聞いている」というのがわかる言動を

脳には顔細胞と呼ばれる、顔に反応しやすい細胞があります。さらに、生後よりお

母さんの顔と向きあうことで、子どもは顔の形状を記憶します。

そのため、脳は人の顔に強く反応するようにできており、お互いの顔をきちんと見て会話するのと、しないのとでは、脳の働きが違うのです。ですから、人の話を聞くときは、しっかり向きあって目を見て聞く、というのが大原則です。

しかし、お母さんが忙しい時間帯だと、料理や片づけなど、ほかのことをしながら子どもの話を聞かざるを得ないときもあるはず。

そんなときは「きちんと聞いていますよ」というスタンスがわかる言葉がけや行動をしながら聞いてください。

返事は「うん」だけでなく、「そう、それはよかったね～」「そっか、大変だったね」など共感を示したり、「じゃあ、その準備をしておこうか」など提案や解決法になっているとなおよいでしょう。

そして、たまに振り返る余裕があれば、子どもの目を見て、にっこり笑いかけてください。これで子どもの脳も「お母さんは聞いてくれている」と認識し、安心していろいろ話してくれるはずです。

また、「タイミング」を逃さないことも大切です。これも忙しいお母さんには大変かもしれませんが、子どもが「ねえ、お母さん」「聞いて！」と話しかけてきたときを逃してはいけません。

これは、子どもの脳が「聞けるようになっている状態」のサインなのです。子どもが何かに夢中になっていたり、ぼーっとしているときは、親がいくら話しかけたところで聞く耳を持たないでしょう。

しかし、「ねえ、ねえ！」と話しかけてきたときは、相手の話も受け入れる〝会話の態勢〟ができているときなのです。

そんなときは、できるだけ子どもに注意を向けて、話を聞きましょう。やめられない作業があっても、せめて聞く姿勢だけは見せてあげてください。

子どもの話が終わったとき、初めて親の言うことを素直に聞き入れられるタイミングがやってきます。ぜひ、この「子どもが聞く耳を持った瞬間」を見逃さないで、会話をするように心がけてください。子どもの聞ける状態や場面をつくり出すこともお母さんの力です。

⑤ お母さん自身が、多くの人と交流する

子どもは、家族が人と会話をしているところをよく見ています。話す様子や、聞いている姿を見て、脳も自然と学んでいるのです。

とくに、お母さんの交流関係は、子どもに大きな影響を及ぼします。

毎日挨拶を交わす近所の人がいる、友だちが家によく遊びに来る、双方の実家へよく行く、子育て施設や公園で会った人と話す……など、さまざまな人と交流をする場面が多いと、その社交性が子どもにも身につくのです。人見知りだから難しい……なんていうお母さんは、無理に自分から人に話しかけなくても大丈夫。

でもなるべく引きこもらず、外へ出かけましょう。子どもを連れて外に出るだけで、話しかけられる機会は自然と増えます。それがコミュニケーションの増加につながり、子どもの聴覚系脳番地にとってもよい刺激になるのです。

⑥ 注意するときは、余計な感情を入れず淡々と

子どもを叱るとき、一番やってはいけないのは、感情のままに怒鳴ることです。

「何回言わせるの！」「まだやってないの？」など、ネガティブな言葉が耳から入る

ことで、感情系脳番地が高ぶり、子どもの脳はフリーズ状態になってしまうのです。

フリーズした脳は働かず、何も考えられない状態に。これでは、親が本当に言いたいことが伝わりません。

聴覚系脳番地を育てるには何回もくり返し言って聞かせることが必要です。しかし、コミュニケーション自体がストップしてしまえば、そのチャンスもなくなり、脳の聞く力も育ちません。

脳の成長が早い男の子のお母さんを見ていると、叱るときは、ネガティブな感情をなるべく入れず、淡々と伝えたい事実を述べているように見えます。

内心ではイラッとしているであろうときも、淡々と……。

こちらが驚くほど、冷静です。

たとえば、「子どもだけで川や海に遊びに行きたい」と、言われたとします。このように危なくてやってほしくないことをさとすときは、頭ごなしに「絶対ダメ！」と言うのではなく、「こういう理由で危険だ」という事実のみを伝えているのです。

このように話されると、子ども自身が「聴覚系→理解系脳番地」を使うようになり、ふたつの脳番地が連携してぐっと成長します。

脳の聞く力を伸ばせば、何にでもなれる

子どものうちに、脳の働きの弱いところをなくしておくことは、子どもの脳の「伸びる力」＝「潜在能力」にもつながります。

そもそも**「脳が成長する」というのは、「神経細胞同士をつなぐネットワークが伸びていくこと」を指します。**

MRIで脳を撮影してみると、113ページの画像のように白い脳の中に、黒く筋のように広がる神経細胞のネットワークを見ることができます。

2歳児の脳では真っ白い部分が大半を占めているのに対し、8歳児の脳は白い脳の中に黒い筋が全体に広がっていて、まるで樹木が四方に枝を伸ばしているかのように見えるのです。

脳の枝ぶりを示すMRI画像

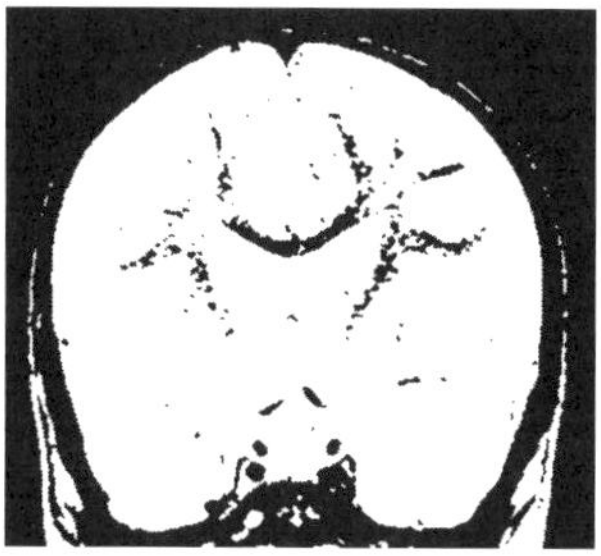

2歳児の脳の枝ぶり

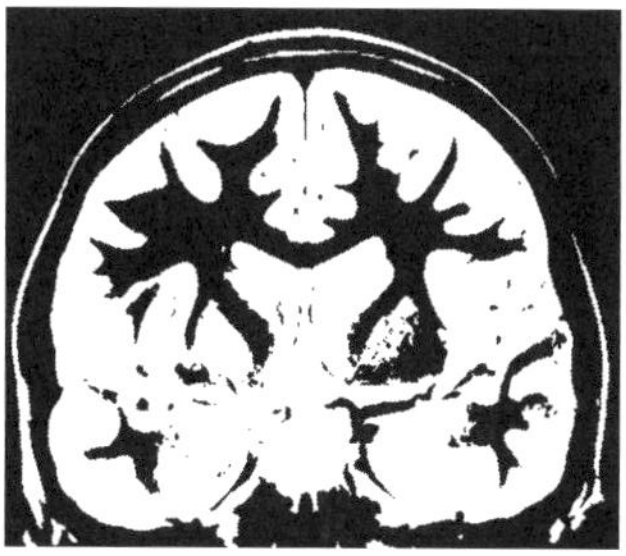

8歳児の脳の枝ぶり

私はこのネットワークを「脳の枝ぶり」と呼んでいるのですが、大人になるにつれ、この枝ぶりが増え、それに伴い、人間としてのさまざまな能力がアップしていきます。

この**枝ぶりのバランスは、「脳の成長バランス」と置き換えることができます。**

得意な能力を司る脳番地の枝ぶりはよく育っていて、枝自体も太いですし、反対に枝ぶりが少ないところや細いところは不得意な脳番地によく見られます。

つまり、脳のバランスのよさとは、枝ぶりのバランスのよさなのです。

実はこの脳の枝は、だいたい10歳までにほとんどの枝先が脳の表面まで到達します。

枝の間の細かいネットワークはまだ未熟な状態ですが、枝の形や広がり方は、10歳ですでに大人顔負けになるのです。

大人になってから、これらの太い根幹の枝を伸ばすのは非常に苦労します。

しかし、子どものうちにつくっておいた枝はなかなか消えません。

この点から考えても、幼少期は、枝の広がりがない部分（働きの弱い、苦手な脳番地）をつくらないよう意識するのが大切なのです。

これが脳の「弱点をなくす」「バランスをよくする」ということです。

バランスのよい脳が、伸びしろをつくる

男の子でいうと、脳の弱点は、聞く力を司る聴覚系脳番地。

ここを強化することで、バランスのよい脳が育ちます。

では、脳のバランスが整わないと、どんなことが起こるのでしょうか？

実は、子どもの頃の脳のバランスが悪いと、その後の脳の成長にも少なからず影響

が出てくることがわかっています。

苦手なことは一切できなかったり、コミュニケーションが全く取れないような偏った脳に育ってしまう可能性が高く、さらに、学力が伸び悩むなど、いわゆる「あと伸び」ができない子になることも多々あるのです。

小さい頃に脳の弱点をなくすことは、脳をバランスよく育てることに加え、脳にさまざまな伸びしろをつくることでもあります。

脳に伸びしろがあれば、前頭葉が発達する中学生以降には、勉強、スポーツ、芸術など、さまざまな分野で才能が花開いてくるでしょう。

右脳、左脳、それぞれの力がそろうことが大事

脳は「全体をバランスよく育てる」ことが大事ですが、「バランスよく」という点は、聞く力を司る聴覚系脳番地を育てる際にも大切にしたいポイントです。

というのも、聴覚系脳番地は、右側と左側で機能が大きく違うので、それを理解し

ないまま鍛えてしまうと、偏った成長を遂げてしまう恐れがあるからです。

第1章でもお話ししましたが、脳は「言葉による情報を処理する左脳」と、「言葉以外（非言語）の情報を処理する右脳」に分かれています。

そして聴覚系脳番地も同様に左右に分かれており、同じ「聞く」という働きを持ちながらも、その機能には次のような違いがあります。

右脳側＝注意を傾けて聞こうとする力

ここが弱いと、目の前の人と1対1の会話はできても、学校や塾の授業など、大人数の中での話がうまく聞けなくなります。

左脳側＝聞いたことを理解しようとする力

ここが弱いと、内容の理解が薄かったり、語尾までしっかり聞き取れなかったりして、情報が正確に記憶に残りません。

つまり、右側、左側どちらが欠けても「聞く」という状態がきちんと成り立たないのです。聴覚系脳番地もバランスよく育てることが、聞く力を伸ばすためには欠かせないといえます。

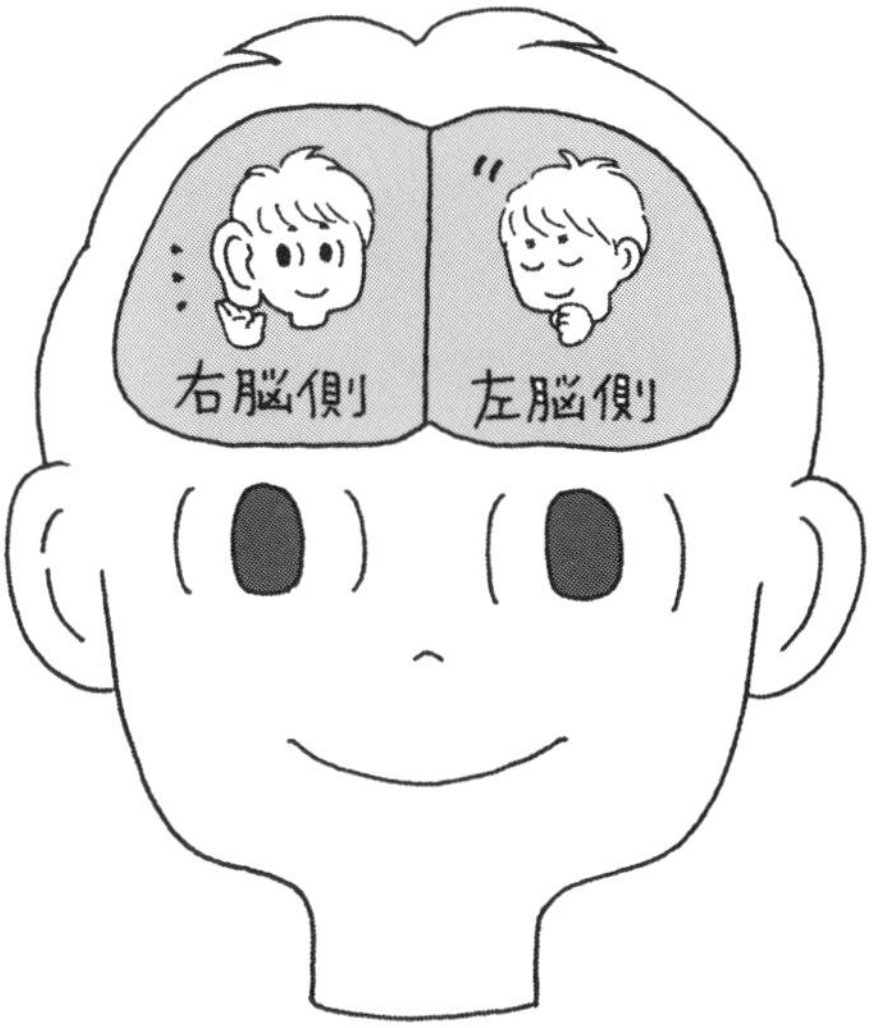

脳の聞く力は、「脳の底力」にもなる

脳の弱点をなくすことで起こるよいことはまだあります。

それは、**大人になっても伸びつづけることのできる「脳の底力」を蓄えることができる**ということです。

大人になっても伸びやすい脳というのは、「知識が素直に入りやすい、何でも吸収できる脳」です。

しかし、このような脳になるのは意外に難しいもの。

入ってくる情報に対して選り好みしない態度、目の前の情報を素直に受け取る姿勢が求められるからです。

脳に弱点がある（＝苦手な脳番地がある）状態だと、物事に苦手意識が出たり、変なこだわりが出たりして、取り入れられる情報に偏りが生じてしまいます。

これでは脳は伸びつづけられません。

しかし、弱点がなくバランスのよい脳であれば、フラットに情報と接することができ、知識もスッと入ります。

すると、より幅広く、いろいろな種類の情報を脳に取り入れられるので、常に興味や好奇心にあふれ、やる気に満ちた脳でいられます。これが、生涯にわたり成長しつづけられる力、つまり「脳の底力」となるのです。

お母さんは「どーん」と構えて。気長に脳を育てよう

ここまで、「脳の弱点を強化する」「バランスよく脳を育てる」ことの利点を述べてきましたが、今すぐに脳の弱点をすべて消さないといけない、というわけでは決してありません。

むしろ、お母さんたちには「長い目で見て」とお願いしたいのです。

子どもの一番近くにいるお母さん、お父さんは、つい「できないこと」「ダメなこ

と」に目がいってしまうものです。

とくに男の子を持つお母さんは、いつもお店で駆け回る子どもを追いかけたり、「靴をそろえる！」「お皿を持つ！」など同じことを何度も注意したり、朝の支度や寝る準備の進まない様子にイライラしたり、日々困りごとが多いため、「今すぐ言うことが聞けるようになってほしい！」と思う傾向が強くあります。

でも、この**お母さんの焦りこそが、子どもへの攻撃となります。**

皆さん、子どもがちゃんと聞けているか不安で、ついガミガミ言い過ぎてしまうことはありませんか？

この行為こそが、子どもの脳を萎縮させ、ますます聴覚系脳番地の成長を妨げてしまうのです。

男の子が一番話を聞けない時期とされるのは、5～7歳頃。

この先ずっと「聞けない」わけではありません。

聴覚系脳番地を育てていけば、いつか必ず、聞けるようになります。

大切なのは、お母さんが、あまり結果を急がず「あとから花開くため」「将来ぐっと伸びるため」と、どーんと構えることです。

そんな風に、気長に脳を育てていくことが、脳育ての重要なポイントなのです。

「見る力」に「聞く力」が加われば、最強男子に！

子どものうちはできるだけ、脳をバランスよく成長させることが大事。

診断に来てくださった方や、講演会でも、私はよくこのひと言をくり返し、お伝えしています。

単純にバランスがよいだけで、小さくまとまってしまう脳では、たしかにつまらないでしょう。

見る力がずば抜けているとか、考える力がケタ違いに強いとか、そういった脳の特徴があるからこそ、人の個性が出て、さまざまな能力も発揮できます。

しかし、何事も土台がしっかりしていなければ、その上に何か「特別な力」を伸ばしていくのは難しいでしょう。家だって、基礎がしっかりしていなければ、柱も梁《はり》も屋根もガタついてしまいます。

子どもの頃のバランスのよい脳が土台となって、脳の中の強い力がメキメキと成長していくのです。

男の子の脳で考えると、バランスのよい脳をつくることとは、男の子が本来持っているよさ（＝見る力）に、さらに成長のあと押しとなる推進力（＝聞く力）を加えていくこと。

実際、「見る力」のある男の子が、さらに「聞く力」を手に入れたら、どうなるでしょう?

学校では、落ち着いて先生の話が聞けるので、指示を聞き逃すことがなくなり、忘れ物も減るでしょう。

授業では、見聞きしたことをしっかり頭に入れられるので、勉強がはかどり、成績も伸びるはず。

また、情報収集力が高いため、自分でやりたいことを見つけ、そのために地道に努力を重ねたり、自ら道を切り開いていくことだってできるでしょう。

さらに社会に出てからは、見る力で周りの状況をしっかり把握し、聞く力で周囲からのアドバイスもきちんと聞き入れます。

そして、得られた情報をもとに、自分でじっくり考え、行動できます。場の空気や人の気持ちも敏感に感じ取れるようになるので、誰からも慕われる、素敵な社会人になれるはずです。

このように、**男の子の得意な「見る力」に、子どもの頃から鍛え上げた「聞く力」が加われば、まさに鬼に金棒。「最強の男子」になれるのです。**

第4章

聞ける脳の育て方

親子の習慣編

習慣を変えると、聞く力が伸びる！

男の子は生まれもって脳の聞く力が弱いもの。

しかし、脳は苦手な脳番地があると、そこをなるべく使わずラクをしようとする、つまり得意な脳番地ばかり使う傾向があります。そのため、放っておくと余計に、苦手な聴覚系脳番地をあまり使わない暮らしをしてしまう可能性があります。

男の子の「聞ける脳」を育てるには、今までの生活をほんの少し見直して、休んでいる聴覚系脳番地に刺激を与えることが大切です。

それまで偏った脳番地の使い方をしていたとしても、生活習慣を変えて新しい経験をすることで、眠っていた脳番地が目覚めたり、つながっていなかった脳番地同士がリンクしたりするのです。

ここからは、そんな**男の子の「聞く力」を育てるために取り入れたい生活習慣**を紹介していきます。毎日コンスタントに行うのが理想ですが、できない日があっても気にせず、また思い出したらはじめてください。習慣によっては聴覚系脳番地だけでなく、ほかの脳番地も一緒に伸ばすことができます。

習慣の内容は、就学前後の年齢（4〜10歳）の男の子を想定していますが、小さなお子さんの場合はできることだけでも構いませんし、それより大きなお子さんが行っても、もちろん遅いことはありません。親子で実践してほしい習慣は、全部で10個。その中でも、とくに次に示す3つは最重要習慣です。

①「いっしょいっしょキャンペーン」をする

②お母さんが子どもに相談する

③聞いたことをくり返して、言ってもらう

できたら、①→②→③の流れでできるといいでしょう。

まず、①を習慣化し、親子の関係をしっかりと築き、②で母が子に相談する。このような関係を構築して、③へ。この流れでお子さんの聞ける脳は確実に伸びます。そして、①②③を日々続けることで、今どのぐらい「聞けない脳」なのかも把握できるはずです。

最重要習慣❶

「いっしょいっしょキャンペーン」をする

育つ脳番地 **聴覚系**＋**感情系**

コミュニケーションとは、言葉を交わすことだけではありません。

聞く力を鍛えるためには会話をしたり、親子で共同作業をしたりするのが理想ですが、難しい場合は、同じ時間を過ごすだけでも十分脳は愛情を感じ、育ちます。

子どもがお母さんの言葉をそばで聞いているだけでも聴覚系脳番地は育ちますし、親子が一緒にいることで感情系脳番地も刺激されるので、人との共感性が高まり、話を聞いてあげられる人になるでしょう。

ですから、**毎日の生活の中に、お母さんと子ども、ふたりだけの時間を意図的につくる「いっしょいっしょキャンペーン」をぜひ取り入れてください。**

学校や幼稚園、保育園の帰り道を一緒に歩く、ふたりでお風呂に入る、隣に並んで料理や洗いものをする、布団に入って絵本を読んであげたり、昔話を語ってあげる……など、行うことはどんなことでも構いません。

また、お子さんがいやがらないうちは、ぎゅっと抱きしめたり、頭をなでるスキンシップも積極的に行いましょう。触覚からの刺激を処理する脳番地は、感情を処理する脳番地とつながっています。スキンシップで触覚を刺激してあげることで、感情系脳番地が育ち、相手のことを考え、受け入れる態度を養うことができるのです。

照れたり抵抗したりする小学生の男の子の場合は、声をかけるときに肩に手を置いたり、さすったり、出かけるときに握手やハイタッチをしたりするだけでもOK。ぜひ毎日続けてみてください。

最重要習慣❷

お母さんが子どもに相談する

育つ脳番地 **聴覚系**＋記憶系

「親が子に相談するなんて！」と思われるかもしれません。

しかし、これは親子の深い愛情と信頼関係の証《あかし》です。

「公園から帰ってくるのは何時にする？」

「宿題はどの順番でやる？」

つまり、何でも親が勝手に決めたり、親の命令で子どもを動かすのではなく、さまざまな事柄について、相談するように子ども本人に聞くということです。

相談するように聞かれた本人は、自分の答えを待たれていますので、確実に注意力がアップします。

そして何よりも、聞かれたことを頭で記憶することになります。

私自身、そして私の妹も、母親からいつも相談するように質問され、育ちました。

私自身はもともと聞ける脳ではなかったものの、そのような母親の子育てのおかげで聞ける脳を伸ばすことができ、夢だった仕事につくことができました。

妹はもともと聞ける脳でしたが、聞く力の精度がアップしたのはいうまでもありません。

その後、妹は結婚し、子どもをもうけ、小学校４年生で不登校になりかけていた長男を６年生で復活させ、医学部現役合格に導きました。妹の「聞く力」が長男の「聞ける脳」を育て、彼の聞く力が、医大の面接官の高評価を得たとのことでした。

最重要習慣❸ 聞いたことをくり返し言ってもらう

育つ脳番地 **聴覚系**＋記憶系・思考系・伝達系

第1章でも述べたように、男の子が聞く力が弱い理由は、聴覚記憶（聞いたことを頭の中に保持しておく力）が弱いためです。

これは耳から聞いたと同時に、その内容が「内言語《ないげんご》（声や文字として表されない言語、心の中でのしゃべり言葉）」として頭の中で音として鳴らないのが原因。聞いた言葉が脳内で反復されないので、記憶に残らず、すぐ忘れてしまいます。男の子が、何度同じことを注意してもできない、やらないのはそのためです。

そこで、言われたことを頭の中でくり返す練習として、まずは口に出すことからはじめましょう。口に出して言葉を音にすることは「外言語《がいげんご》」といいます。

口に出して言うことで、聴覚系脳番地で止まっていた言葉が伝達系脳番地へ進みます。するとそのぶん、脳内に情報を保持する時間が長くなるので、ぐんと記憶に残りやすくなるのです。

さらに、自分で話した言葉が不完全であれば、それを自覚できます。

そのままでは、聞いた言葉が不完全な状態で脳に入っていることに気がつかないので、言葉に出すのです。

×「先生にお手紙渡してね」↓「うん、わかった」

○「先生にお手紙渡してね」↓「うん、お手紙渡すんだね」

と、聞いた内容を自分でくり返し言わせるのが効果的です。

また、子どもが少し大きくなったら、親がやるべきことを言って聞かせるのではなく、子ども自身に言わせるように変えていくのもよいでしょう。

たとえば、子どもが図書館で大声を出しているとき。「静かにしなさい！」と言い聞かせる代わりに、子どもの目を見て「図書館では……？」と言うのです。すると子どもは、「静かにする！」と言ってくれるはずです。

話すことを担当する伝達系脳番地と、「やろう！」と指令を出す思考系脳番地は近いので、話したことを行動に移すのは、聞いたことを行動に移すより簡単なのです。

子どもに考えさせたいこと、やってほしいことは、子ども本人に言わせましょう。

❹ 夕食時に「今日のひと言」を発表する

育つ脳番地 **聴覚系**＋伝達系・記憶系・思考系・視覚系・理解系

聞く力を鍛えるためには、会話をすることが大切です。

そこでおすすめなのは、毎日必ず家族で話す場を設けること。**全員が集まることができる時間帯に、家族1人ひとりが「今日のひと言」を発表するのです。**

それぞれのひと言を聞く時間を持つことで聴覚系脳番地も鍛えられますし、さらに、自分がひと言を話すために、1日の出来事を振り返るので、記憶系や理解系脳番地も大いに働かせることができます。

ひと言の内容は、「頑張ったこと」「嬉しかったこと」「楽しかったこと」などよいことのほかに、「失敗したこと」「悔しかったこと」「残念だったこと」など悪いことでも構いません。

就学前の子どもには「今日は何が楽しかった？」「今日は何を頑張ったの？」と、お母さんやお父さんのほうから聞いてあげたほうが答えやすいでしょう。

質問を受けて答えるというのは、聴覚系脳番地の立派なトレーニング。この年代のお子さんなら、ひとつでも答えられれば十分です。

小学校低学年なら、今日あったよいこと・悪いことが、１つずつくらい、答えられるといいですね。高学年の子は、よいこと・悪いことを３つずつくらい報告できたら素晴らしいと思います。

もちろん、夕食時に全員集まることが難しければ、朝食時でもＯＫ。その際は「今日の目標」を発表する、などとアレンジしてみてください。

毎日こうした時間が設定されていると、子どもの脳が朝から「今日は何を話そうかな？」と意識するようになるため、情報収集力もアップします。周囲からできるだけ情報を得ようとするので、聞く力も大いに高まるでしょう。

5 本屋や図書館に寄るようにする

育つ脳番地 **聴覚系**＋視覚系・理解系・伝達系

小学校低学年くらいまでは、自分自身での読書より、親による読み聞かせのほうを積極的に行いましょう。

とくに、絵を見ながら話を聞ける絵本の読み聞かせは、男の子におすすめの習慣。 得意な目（視覚系脳番地）で情報を補足しながら話を聞けると、想像がしやすく、より物語を楽しめて、聞くことが苦にならないからです。

中学年から高学年になったら、自分ひとりでの読書習慣をつけるのが望ましいですが、言語能力が女の子より劣る男の子にはなかなか難しいもの。

ですから、「本を読むことが楽しい」と感じるのが難しいうちは、「本を選ぶこと」「本屋に行くこと」が楽しいと思わせるために、図書館や本屋にたくさん連れていく

ことをおすすめします。

本のタイトルや並べ方を眺めたり、好きな本を自分で選んだり、お母さん、お父さんとどんな本がいいか相談したり……。

それだけでも言語能力が鍛えられます。

聴覚系脳番地は、言語能力を司る理解系脳番地や伝達系脳番地とネットワークが強力です。

連動して成長する傾向があるので、聞く力やコミュニケーション能力の土台となるでしょう。

6 時計を早く覚えさせ、目覚まし時計を自分で設定させる

育つ脳番地 **聴覚系**＋記憶系

海馬とその周辺にある記憶系脳番地は、聞く力を司る聴覚系脳番地と密接な関わりがあります。

そのため、記憶系脳番地を鍛えると「脳の聞く力」も高まります。

海馬は、脳の中でも記憶を司る器官。さまざまな情報を収集し、それを統合したり取捨選択する「記憶の司令塔」として機能しています。

事実、記憶系脳番地（海馬）が強い子は「言われたことを忘れない」「1度聞いただけで、内容をしっかり覚えている」という傾向があります。そして「遅刻しないように支度をする」「宿題を終わらせるのに30分かかると予測する」というような〝時間管理能力〟を司っているのも、実はこの記憶系脳番地なのです。

時間管理能力を鍛えることは、記憶系脳番地（海馬）を鍛えることにつながります。

そして、時間の感覚を鍛えることは、記憶系脳番地を活性化するだけでなく、それ

によって聞く力も高めることにつながるのです。

時間管理能力を鍛えるために、男の子にはぜひ時計の読み方を早くから教えてあげましょう。

もちろん、小さいお子さんなら最初は「長い針が3のところにくるまでに着替えようか」など、時計を意識させるだけでも十分。時間感覚が育つと、記憶力も高まるので、教えていけば少しずつ時計も読めるようになるはずです。

また、記憶系脳番地が未熟な子どもは、朝起きられない、きちんと頭が目覚める（覚醒する）までに時間がかかるなど、睡眠関連のトラブルが多い傾向にあります。

そのような男の子は、朝、お母さんに起こされるのではなく、自分で起きる練習をしてみましょう。おすすめは、子どもが時計を読めるようになったら、目覚まし時計を子ども自身にセットさせるという習慣。「何時何分に起きる」という設定を自ら行うことで、ひとりで起きるモチベーションになります。

そして、その際はぜひ、お気に入りの目覚まし時計を使うなどして、子どものやる気をアップさせましょう。

7 音楽を習慣にする

育つ脳番地 **聴覚系**＋記憶系

楽器の音や人の歌声を聞くことは、聴覚系脳番地をダイレクトに強化します。

聴覚系脳番地では、曲を聞いたときに「歌詞に反応する部分」と「メロディーに反応する部分」がそれぞれ違います。

歌詞に反応しやすいのは言語を司る左脳にある脳番地、メロディーに反応しやすいのは感覚を司る右脳にある脳番地です。

つまり、クラシック音楽やオルゴールの音色などは右脳の聴覚系を、童謡やポップスなどは左脳の聴覚系脳番地を刺激するということ。

子どものうちは、どちらの番地も育てたいので、さまざまな音楽にふれさせることが大切です。

そこで、そのような「音楽を耳に入れること」を家庭での習慣にしてみましょう。

身近なところでは、**常にラジオや有線をつけておく、ＣＤをかける、音や曲の流れるオモチャで遊ばせる**など。

それらのアイテムを用意するのが大変だったら、お母さんが家事をしながら鼻歌を歌ったり、お風呂で親子一緒に歌を歌うなんていうのもＯＫ。

また、幼稚園・保育園や小学校で習った歌を、家で子どもに歌ってもらうことも、聴覚系と共に記憶系脳番地も同時に鍛えられておすすめです。

もちろん、習い事としてピアノやダンスなどを習うことも、常に音楽と接することができるのでＧｏｏｄ。

さらに、機会があれば、**生演奏が聞けるコンサートに行ったり、太鼓や笛の音にふれられるお祭りなどにもぜひ参加を。**

録音ではない生の音は、より脳へ届きやすく、また、音の出ている様子を目で見ながら聞くことができるので、男の子にはおすすめです。

8 いろんなニックネームで呼びあう

育つ脳番地 **聴覚系**

皆さん、お子さんのことをどのように呼んでいるでしょうか？　小さいうちは○○ちゃん、大きくなったら○○くん。名前だけだったり、名前の一部分を愛称にしたりなどさまざまだと思いますが、基本、家庭内での呼び方は固定されていると思います。

人の話が聞けなかったり、内容が頭に入らなかったりする男の子でも、そんな「自分の名前」なら聞けるはず。そこで、**話をきちんと聞くきっかけづくりとして、いろいろな呼び方をしてみることをおすすめします。**

今まで名前だけで呼ばれていた子が、丁寧に「○○くん」「○○さん」と呼ばれれば改まった雰囲気を感じるでしょうし、いつも「くん」づけで呼ばれていた子が「○○！」と呼び捨てにされたらビックリしたり、「怒られるのでは？」と思うかもしれません。

また、「○○たん」「○○ぽん」など、赤ちゃんの頃に呼んでいた名前があったら、あえてそれで呼んでみても。男の子は恥ずかしがると思いますが、確実に聞く耳を持ってくれるでしょう。

そのほかに、好きなキャラクターがいたらそれをもじって呼んでみたり、電車が好きなら「○○号」、恐竜が好きなら「○○ザウルス」、忍者風なら「○○殿」、童話風なら「○○王子」など……子どもが食いつくであろうニックネームを考えてみてください。

子どもに注意したいとき、急いでほしいとき、ほめたいとき、お願いごとをしたいときなど、それぞれの場面で呼び方を変えれば、聴覚系脳番地の聞き分ける力も鍛えられるはずです。

そして、たまにはお母さん自身の呼ばれ方にも変化があると、自分の脳も刺激されます。いつもの「ママ」「お母さん」ではなく、名前で呼ばれたり、子どもにニックネームをつけられたり。家の中だけでの習慣ということで、親しみを込めて呼びあい、お互いの聴覚系脳番地を刺激してみてください。

9 テレビを見たあとで、その番組の感想を言いあう

育つ脳番地 **聴覚系**＋思考系・伝達系・記憶系

テレビが大好きなお子さんは多いと思います。「テレビは脳に悪いのでは……？」という質問がたまにありますが、時間を決めて見られれば、とくに問題はありません。

しかし、区切りとなる時間を設定し、次の行動を促しても延々と見つづけてしまうようなら要注意。記憶系脳番地の「時間管理能力」が未熟である可能性があります。「時間感覚」は「聞く力」と密接なつながりがあります。見る時間を自分でしっかり管理できるようになれば、記憶系脳番地が発達し、連携する聴覚系脳番地にもよい影響があるのです。

最初は、ひとりで予定時間通りにテレビを見るのは難しいと思うので、親が手助けをしてあげましょう。

おすすめなのは、**見終わったあとに、その番組の感想を親子で伝えあう習慣。**

これが、テレビ時間を終わりにする儀式となります。子どもは、見聞きした情報を脳内で整理する時間がつくれると、その行動を完結（ＯＦＦ）でき、次の行動に移りやすくなるのです。

また、ただ漠然と情報を受け取るだけでなく、「話す」というアウトプットも同時に行うことで、脳の活性化にもつながります。新しい知識が入ってくると思考系脳番地が刺激されるのですが、それについて話すことで伝達系脳番地も働かせることができ、より記憶に残りやすくなるのです。

見た番組をテーマに親子で会話できるようになれば、テレビは知識や興味の幅を広げるよいツールとなるでしょう。

10 いろんな世代の人と話す機会を持つ

育つ脳番地 **聴覚系**＋理解系・伝達系・感情系

私が今まで脳の画像を見てきた経験上、大家族（3世代同居、兄弟が多いなど）の中で育った方々は、総じて聴覚系と伝達系の脳番地が発達していました。

やはり、普段から家の中でたくさんの人と会話を交わしていると「聞く力」と「話す力」が鍛えられるようです。

しかし現在は、各家族化が進み、祖父母と同居する家庭が減少しています。さらに、近所づきあいも希薄になってきており、子どもたちは「親ではない大人」と交流を持つことが少なくなっているのです。そのため、**少し意識して、子どもがいろいろな世代の人と関わりが持てるよう、親が気を配ってみてください。**

友人・親戚などで集まる機会を増やしたり、近所の方々と挨拶を交わしたり、地域の行事やイベントなどに積極的に参加したり。話すテンポ、トーン、なまりや言葉遣いなどが普段聞き慣れているものと違う人との会話は、聴覚系脳番地を大いに刺激します。

自分に愛情を注いでくれる存在である祖父母との会話は、とくに注意を傾ける力が育ちます。祖父母の家にひとりで泊まりに行くのがおすすめですが、遠く離れている場合は、ぜひ電話で話してみてください。

目ではなく耳からの情報のみなので、より聴覚が鍛えられるはずです。

小さな子だと、最初は電話に出てもなかなかうまく話せないかもしれません。孫と祖父母は共通の話題が少ないですし、よっぽど一緒にいた時間が長かったり、何かを一緒にやったことがある間柄でないと、リズムがあわず会話は成立しづらいもの。方言などがあればなおさらです。

でも、くり返し何度も話す中で、聴覚系と伝達系の脳番地が発達していけば、必ずしっかり聞けて、きちんと話せるようになります。

また、子どもの聞く力を鍛える習慣として、相手が誰かを明かさず電話を渡し、「誰でしょう?」と当てっこするのもいいですね。

両家の祖父母や親戚などの声を聞き分け、誰かを判別できるようになれば、それは聞ける脳が育っている証です。

第5章

聞ける脳の育て方

親子の遊び編

「聞ける脳」は「遊び」の中で鍛えられる

人間の脳は「楽しい」と感じるときに、どんどん働きます。

そして、脳が活発に働いているときに行っていることを「得意である」と認識します。このとき、実際の上手・下手は関係ありません。

ですから、男の子の脳の聞く力を高めたいなら、聴覚系脳番地を使う作業を楽しいと思わせてしまえばいいのです。そのためには、聞くという行為を「遊び」の中に組み込むのがおすすめです。

ここからは、その遊びの方法を具体的に紹介していきます。

脳が楽しいと感じるには、情報のアウトプットを担当する前頭葉を刺激するのが効果的。前頭葉が刺激されるのは、自分で考えたことを実際に体を動かして表現したときです。体を動かすことはアウトプットの基本。話すことは口の運動、書くことは手の運動というように、日常の行動はすべて体を使った運動で成り立っています。

ですから、紹介する遊びの大半は、「聞くこと」と「動くこと」のセット。「聞いたら口に出す」「聞いたら手を動かす」ということがメインになっています。

また、脳はふたつ以上の脳番地を同時に働かせることで、より強化しやすくなるという特徴があります。

たとえば、「ただ聞くだけでいい」と聴覚系はあまり伸びないのですが、「あとでお話ししてね」と言われたら、必死になって聞くので、聴覚系の能力も高まるのです。

本書で紹介する遊びは、ひとつの遊びで必ず複数の脳番地を使い、すべて行うと8つの脳番地が刺激されるよう設定しています。

遊びを行う際のポイントは、結果の良し悪しにこだわらないこと。

頑張り過ぎて、少しでも「面倒」「つまらない」と感じたら、子どもの脳は働かなくなってしまいます。あくまでも子どもに楽しいと思わせるのが遊びの目的。

親子で一緒に楽しく遊び、脳を働かせれば、聞ける脳は自然と育っていくはずです。

1 「よーい、ドン！」で走るゲームを行う

育つ脳番地　**聴覚系**＋**運動系**

聞くために注意を傾けるのは、右脳側の聴覚系脳番地の働きです。

これは、学校の授業で先生の話をきちんと漏らさず聞く、というような場面で必要になってくる大事な力です。

このような力が身につく遊びが、**「かけっこ」。**

しっかり聞き耳を立てていないと、「よーい、ドン！」という声にすぐ反応できず、足を踏み出すのが遅れてしまうからです。

この「走り出すためにしっかり聞く」という行為は、遊びの中で自然と集中力を高め、体の動きをいったん止める、耳を澄ますという大切な脳の働きも引き出します。

また、「聞いたらすぐ手足を動かして走る」という一連の動作は、聴覚系脳番地と運動系脳番地のネットワークをより強く、太くすることにつながるのです。

小さなお子さんの場合は、目からの情報を補足する意味でも、親の合図を見ながらスタートする方法でOK。小学生以上になったら、目線を自分の足元やゴール付近に向けるようにし、耳からの合図のみを頼りにスタートしてみましょう。

そして、お父さん、お母さんは、かけ声にもひと工夫。

「よーい」と「ドン」の間隔を短くしたり長くしたり、「ドン」で手を叩いたり、笛や太鼓を使ったり。いろいろ変化を持たせてみると、より一層、子どもの「注意して聞く力」が鍛えられるはずです。

❷ 音に合わせて動く（ラジオ体操、ダンス、太鼓など）

育つ脳番地　**聴覚系**＋運動系・思考系

耳から聞こえる音に合わせて体を動かすという行為は、簡単そうに見えて、実はとても高度な脳の動き。**体操やダンスがうまい人というのは、運動神経がよいだけでなく、耳の働きもとてもよく、聞く力も高いことが多い**のです。リズム感がないなという子も、実は運動系ではなく聴覚系脳番地が弱いことが原因という場合もあります。

そんなお子さんはとくに、音を聞きながら体を動かすという遊びを日常に取り入れてください。

小さいお子さんの場合は、教育番組やアニメのエンディングなどで流れる歌＋体操を真似して行うのが効果的。歌を聞くだけでなく、目で動きを見ながら体操できるので、男の子も比較的スムーズに行えるはずです。

小学生以上のお子さんは、好きなアイドルやミュージシャンの振り付けを真似して踊るなど、「体操→ダンスへ」とステップアップを。よりリズム感が磨かれ、聴覚系脳番地から運動系脳番地のルートが強化されるでしょう。

もちろん、習い事として体操教室に通ったり、ダンススクールに入ったりするのもOK。とくにリズム感が心配な子の習い事には、ドラムや和太鼓もおすすめです。

また、地域のお祭りで行われる盆踊りを親子で覚えたり、フラダンスや社交ダンスなどの趣味を子どもと一緒に楽しむのも、聴覚系強化にはもってこい。

さらにおすすめなのが「ラジオ体操」です。最初は難しいと思うので、テレビや動画の見本を見て練習をし、慣れてきたら耳からの情報のみを頼りに、親子で一緒に体を動かしましょう。同じ聴覚系脳番地でも、ダンスとは違った部分が刺激されます。

どれも、親子で一緒に取り組むことで、苦手意識がある子も楽しく挑戦できるでしょう。

3 聞いたことを書き取る（ディクテーション）

育つ脳番地　**聴覚系**＋**記憶系・運動系・伝達系**

人の話が最後までしっかり聞けない男の子は多いもの。そんな子は、聞きかじりでわかったつもりになったり、思い込みが先行してしまい、早とちりや失敗をする回数も増えてしまいます。

その場合に多いのは、相手が話をしている間に自分の考えがどんどん展開してしまうという脳のパターン。

聞くより先に考えてしまうクセがつくと、正確に聞く力が育ちません。

そこで、耳からの情報を正確にキャッチする練習として、**ディクテーション（聞いた内容の書き取り）**がおすすめです。

やり方は、お母さんがゆっくり読み上げた文章を、子どもが一言一句漏らさないようノートに書き取るだけ。最初は句読点で区切るなど、短いフレーズからチャレンジしましょう。集中すると、毎日5分程度でもへとへとになるはずです。

ちなみに、就学前後の男の子の脳が、１度で脳に入れられる（頭の中で反復できる）文字数は６〜７文字程度。

徐々に文字数を多くしていけば、脳内で保持できる言葉の長さも少しずつ伸び、聴覚系と記憶系脳番地のネットワークがさらに強化されるでしょう。

文章の題材は、本人の好きなものでＯＫ。物語のほか、詩や童謡なども、映像（イメージ）が浮かびやすくて、男の子にはおすすめです。

まだ文字が書けない小さなお子さんの場合は、お母さんが話す言葉を聞き、すぐ追いかけて同じことを自分で言ってみるのがよいでしょう。英語学習で使われるシャドーイングの要領です。

間違えずにくり返せたらポイントＧＥＴ！　というようにゲーム感覚で行えば、より楽しめるはず。

母子が役割を交代したり、点数を競ったりと、親子で楽しく続けていくことで、「正確に聞き取る力」が身についていきます。

4 「逆さ言葉遊び」「しりとり」をする

育つ脳番地 **聴覚系**＋伝達系・理解系

男の子の聴覚記憶（聞いたことを頭の中に保持する力）が弱いのは、聞いた言葉が心の中のつぶやきとしてくり返されないからだと、お話ししました。

声には出さないけれども自分の中にある言葉を「内言語」と呼び、一方、声に出す言葉を「外言語」と呼ぶのですが、聴覚系や伝達系の脳番地が未熟な子どもは、何でも外言語化する傾向があります。

たとえば、算数の計算の過程を口にしながら考えたり、遊んでいるときもひとりごとが多かったり。

年齢が上がるにつれて、外言語から内言語へ移行するのが一般的で、この移行がスムーズにいけば、耳から聞いた言葉もしっかり記憶に残るようになります。

そこで、**子どもの内言語を育てる取り組みとしておすすめなのが「逆さ言葉遊び」。**

お母さんが言った言葉を子どもが逆から言ってみる、という遊びです。

「『ポテトサラダ』を逆から言うと？」という具合で、問題を出してみましょう。

大人でもとっさには答えられないかもしれませんね。

書いてある文字を逆さに読むことは簡単ですが、聞いただけの言葉を逆さにするには、自分の頭の中でその言葉をくり返してみる必要があります。これで、内言語化する（心の中でつぶやき、それを聞く）力が育つのです。

最初は文字数の少ない単語からスタート。慣れてきたら、文字数を増やしたり、小さい文字や伸ばし棒が入った言葉などにもチャレンジしてみてください。


また、これが**難しい年代のお子さんとは、「しりとり」で遊んでみましょう。**相手が言った言葉を思い浮かべ、語尾に続く新たな言葉を探し考える行為は、「逆さ言葉遊び」同様に、子どもの内言語を育てます。

普通のしりとりがうまくできるようになったら「生き物」など、カテゴリーを設定したり、「3文字」などと字数を限定したり、難易度を上げてみるのもおすすめです。

5 やっていることを実況中継する

育つ脳番地　**聴覚系**＋伝達系・理解系・視覚系

テレビ番組の司会者や落語家など、おしゃべりが上手な人たちは、実は「聞く力」もとても高いことがわかっています。

実際ＭＲＩで脳を見てみると、脳内の聴覚系（聞く）→理解系（内容を理解する）→伝達系（しゃべる）の脳番地のルートが太く頑丈。しゃべる材料を集めるため、また、しゃべり出すタイミングを計るためには、よく聞いて、しっかり理解しなければならないからです。

子どもの脳も同様に、しゃべる機会が増えると言語能力がアップし、連携して聞く力もぐんぐん伸びます。**そこでおすすめなのが、今やっていること、見ていること、これからやることの「実況中継」をすること。**

アナウンサーは、新人時代の訓練として、電車に乗ったときや歩いているときなど、目に入ってくるものをそのまま言葉にするそうですが、そんな風に親子で目にとまったものを何でも言葉にし、感想を言いあったりする時間を持ってみましょう。

たとえば、一緒に出歩く際は、

親「カンカンと音が鳴って遮断機が下りました〜。来るのは何の電車でしょうか」

子「お、青色が見えたので特急電車でーす。通過しまーす」

なんて具合。そのほか、季節による草花の色の変化や天気の様子、道の混み具合など、気づいたことを何でも言葉にします。

家の中ならば、

親「ママは今、お化粧が終わりました〜。そちらはどうでしょうか」

子「着替えが終わって、カバンを持つところでーす」

など、準備の進み具合、食事の内容、片づけや料理の手順など、目の前の状況を言葉にし、お互いに伝えあうのです。

これを続けると、「状況を見ながら話をする」という行為で「視覚系→伝達系脳番地」のネットワークが強化されます。「相手の話に耳を傾けながら状況を見る」という行為で、聴覚系と視覚系の脳番地の働きも高まります。子どもの語彙力や表現力の引き出しも、日に日に豊かになっていくのが感じられるでしょう。

6 カラオケで熱唱する

育つ脳番地　**聴覚系**＋**理解系・伝達系・記憶系**

聞く力が弱い男の子は、音楽の授業が嫌いだったり、歌うことに苦手意識があったりすることが多いもの。

実際、耳がよくないと歌の音程もはずれがちです。

脳の中には、聴覚系・理解系・伝達系を結ぶ太いネットワークが存在します。この部位は、ＭＲＩで見ると通常は太くしっかりしているのですが、ときどき少し細い人が存在し、ここが弱い人は音痴になりやすいといわれています。

「耳で聞いたことを理解してアウトプットする」という処理を担当するルートが未発達なので、耳からインプットした歌を、自分の声で再現することができないというわけです。

そんな**男の子は、音痴だからと歌うことを敬遠せず、むしろ、どんどん声を出して歌いましょう。**

誰にも気兼ねなく熱唱できる、カラオケ店に行くのがおすすめです。

お気に入りの曲ができ、何度もその曲を聞きながら歌うことができれば、聴覚系・理解系・伝達系脳番地に刺激を与えられ、前述のネットワークも少しずつ太くなっていくはずです。また、歌詞を覚えて画面を見ずに歌えるようになれば、同時に記憶系脳番地も鍛えられるでしょう。

もちろん、カラオケ店では親も一緒に楽しく歌うことが大切。家族の歌声を聞くだけでも、十分に聴覚系脳番地は育ちます。そして、「聞くことは楽しいこと」「歌うことは楽しいこと」と脳が感じられれば、苦手意識も徐々になくなっていくでしょう。

7 英語のアニメ・映画を見る

育つ脳番地 **聴覚系**＋視覚系・感情系

聴覚系脳番地の成長の旬は、生後1カ月〜3歳過ぎまでの音に反応しやすい時期と、4歳頃からだいたい小学3〜4年生くらいまでの言葉をよく聞き分ける時期のふたつに分かれます。

音に反応しやすい時期に、子どもに音楽を習わせるとより音楽的感性が備わります。

また、同じ時期に英語を聞かせると、聴覚系脳番地が鍛えられると同時に、英語の発音の習得につながります。

ただし、メインの母国語がしっかり覚えられないと困るので、日本語がしっかり頭に入ったあとの**4〜5歳くらいから、音声が英語のアニメや映画を見る**、というかたちで英語を聞かせるのがおすすめです。

子どもの興味をそそるアニメや映画だと、聞く力が弱い男の子でも「聞こう」「知ろう」という気持ちが生まれ、集中力がアップ。

また、得意な目で映像を見ながら英語が聞けると、言葉の「音」と「意味」がつながって理解できます。さらに、「楽しい」「感動」「悲しい」それぞれの場面で感情系脳番地も働き、共に成長が促されるでしょう。

できれば子どもが好きな作品いくつかに絞り、くり返し見せたほうがより聴覚系への刺激になります。週に2～3日、1～2時間程度、英語タイムをつくれるとよいですね。子どもは「ながら」ではあまり頭に入らないので、英語を流しっぱなしにする……というより、集中して見聞きする時間をつくるほうが、脳にはよりよい影響を与えられるはずです。

そして**大切なのは、英語は「聞かせるだけ」にすること。**幼い頃から英語を積極的に話したり、文法を学んだり、というのは間違いではありませんが、優先順位は高くありません。そのような時間があったら、外で自然の音に耳を傾けたり、親子で会話をし、日本語を先にきちんと学ぶほうが大事です。

ですから、親が焦って無理に英語を教えたりする必要は全くありません。映画やアニメで「自然と英語が耳に入る」という環境を整えるだけで十分なのです。

8 ひらがな計算問題をする

育つ脳番地 **聴覚系**＋理解系・思考系

小学生の男の子は「計算自体は得意だけど、文章問題は苦手」というタイプの子が、多いのではないでしょうか？

女の子に比べて言語能力の発達が遅い上、読んだり聞いたりしたときに内言語（頭の中の声）が頭の中を回らないため、理解系や思考系の脳番地で文章の意味がきちんと理解されないことが原因です。

そこでおすすめなのが**「ひらがな計算問題」**。

「よんたすにはいくつ？」

「はちひくさんのこたえは？」

このように、数字も記号もすべてひらがなに置き換え、計算をまるで文章のようにした問題のこと。数字や記号は、パッと視覚を介して理解できますが、ひらがなになると内容を理解するまでの時間が長くかかることがわかると思います。

ですから、計算が上手にできるか、というより、読んだ問題の内容をきちんと理解できるか、というのがこの問題に取り組む際のポイントです。

子どもはこれを読み、頭の中で音にして数字に変換し、計算をします。

その際、心の中で読み上げる言葉を内言語として聞くので、聴覚系脳番地が大いに刺激されるのです。

数字には強いけれど、文章には弱い、という男の子にピッタリ。

なぞなぞを解くように、親子で楽しくチャレンジしてみましょう。

9 手遊び歌をする

育つ脳番地 **聴覚系**＋運動系・視覚系

歌を歌いながら、それにあわせて手を動かしていく**「手遊び歌」**。お母さんやお父さんも、子どもの頃に歌って遊んだ経験があるのではないでしょうか？

この昔ながらの親子の遊びが、子どもの聞ける脳を育てるのにとても役立ちます。

大人の歌声を聞き、その通りにリズムよく手を動かすことで、「聴覚系↓運動系脳番地」のルートを強化。

また、相手の動きをしっかり見て、それを真似て動くという行為は、「視覚系↓運動系脳番地」のルートを鍛えてくれるでしょう。

子どもがまだ思うように手を動かせないうちは、親の動きを目で追いながら歌のリズムを感じるだけでも十分。

2歳以降になると大人の真似も上手になり、手遊び歌が本格的に楽しめるようになるはずです。

また、お母さんの声を聞いたり手がふれあったりすることで、子どもは気持ちが落ち着くもの。ちょっとご機嫌が悪いときや外出先の待ち時間などにも、手遊び歌はおすすめです。年齢別に歌の例を挙げておくので、ぜひ参考にしてみてください。

★2〜3歳（歌が短く、動きも簡単なもの）

「あたま・かた・ひざ・ポン」「パンダ・うさぎ・コアラ」「ひげじいさん」「大きな栗の木の下で」「げんこつやまのたぬきさん」

★4〜5歳（相手とタイミングをあわせたり、想像力も必要なもの）

「パン屋さんにおかいもの」「お寺の和尚さん」「グー・チョキ・パーで何つくろう」「おちたおちた」「おべんとうばこのうた」

★5歳以上（動きが複雑でスピード感もアップ。ゲーム性もあるもの）

「アルプス一万尺」「茶摘み」「みかんの花咲く丘」「ずいずいずっころばし」「茶つぼ」「おちゃらかホイ」

10 「目を使わない」ゲームをする

育つ脳番地 **聴覚系**＋**運動系**

耳（聴覚系脳番地）より、目（視覚系脳番地）のほうが得意な男の子は、日常生活でもつい目からの情報に頼って行動しがち。

そこで、遊びの中ではあえて「目を使わない」「耳だけを頼りにする」という動きを取り入れるのがおすすめです。

ひとつめは、**目をつぶって「何が聞こえる？」と子どもに尋ね、いくつ答えられるか競うゲーム。**

家の中なら、エアコンの音、冷蔵庫のモーター音、隣の家の住人の話し声などでしょうか。屋外なら、鳥や虫の鳴き声、飛行機やヘリコプターの音、自動車のゆきかう音、工事現場の作業音などが聞こえてきそうですね。

大人は目を開いたままでも聞き耳を立てることができるのですが、聴覚系脳番地が発達していない子どもには難しいもの。

目をつぶり、視界からの情報をシャットアウトすることで、ようやく純粋に耳だけで聞けるようになります。慣れてくると、話し声で誰かわかったり、エンジン音で車種を言い当てたりできるようになるはずです。

ふたつめは、「目隠し鬼」。子どもはタオルや手ぬぐいなどで目隠しをして、大人は手を叩きながら「鬼さんこちら、手の鳴るほうへ♪」と歌います。

目隠しをした鬼役が、そのほかの人々が手を叩く音・歌声だけを頼りに捕まえる、というこの遊び。

子どもの脳の「声・音」への注意力を養うのにぴったりです。

昔ながらの伝承遊びにはそのほかにも、「かごめかごめ」「あぶくたった」「だるまさんがころんだ」「ハンカチ落とし」など、目を隠し、耳を澄ませて行うものがたくさん。

お父さん、お母さんも昔を思い出し、ぜひ一緒に遊んでみてください。

おわりに
――家族が未来を信じることで救われた――

聞けない脳のまま、小学校に入学すれば、ホームルーム、国語、音楽など、黒板を使わずに先生から話を聞くことが多い授業に、全くついていけなくなります。

私自身、国語の授業がはじまると、わずか40分が耐えられませんでした。

最初の5分を過ぎると、柱時計に目がいきます。

「え、まだ35分あるのか」。一応、教科書に目を落とします。頑張って教科書を読もうとしますが、難読症があり、文字がバラバラにしか頭に入ってきません。さらに、黙読しても内言語が頭の中で鳴って聞こえるということが全くありませんでした。そうなると、また、時計に目が行きます。

「まだ2分しかたっていない」

「あと、33分か……。どうして、時計は国語の時間になるとゆっくりなのだろう?」

このようなことが、小学校1年、2年と続きました。

通知表は国語、音楽は2。元気なのは、屋外に出る体育と図工の時間だけでした。

保護者会に母が着物を着てきてくれたときに、ついに「お宅のお子さんは、知的障害かもしれませんね」と担任の先生に告げられ、青ざめて帰ってきました。

もちろん、私は自分の通知表の内容について、母から一度も責められたことはありません。「勉強しなさい」とも言われた記憶もありません。

私自身を救ったのは祖母が母にかけていた言葉でした。

「この先、どんな立派な人になるかわからないから、協力して盛り上げていこうよ」

この優しい言葉を部屋の隅で話していたのです。

あのとき以来、現在まで見たことがない「母の青ざめた顔」を見た私は、「自分のために青ざめている」と自覚したことを記憶しています。

その出来事以来、祖母はより一層、私をおだててほめてくれました。

その後、国語と英語に苦労しながら二浪してようやく、大学に進学し、医者となった今、ふたりの息子たちの子育てに直面しています。

自分の過去と現在を、もう一度脳科学的に振り返ると、母や祖母、そして家族の「待ちの姿勢」に救われたと思います。

実際、父は本当は全く待てない男でした。つい怒ってしまい、待つことにものすごく我慢のいるタイプです。でも私の成長のためには根気よく待ってくれました。

3人のやさしい叔母たちの存在も含めてどれほど家族に待たれ救われたか。感謝しかありません。

本書は、私自身の体験と、その後の脳科学研究の成果をもとに制作しました。

聞けない脳から、聞ける脳になるために、家族がサポートできることは少なくありません。

むしろ、親しだいで「聞けない脳」を「聞ける脳」に変えることは十分できます。

本書を同じような体験で悩んだり、困ったりしているご両親に捧げます。

著者紹介

加藤俊徳　新潟県生まれ。株式会社「脳の学校」代表。加藤プラチナクリニック院長。小児科専門医。昭和大学客員教授。発達脳科学・MRI脳画像診断の専門家。胎児から超高齢者まで１万人以上の人をMRI脳画像を用いて治療。脳番地トレーニングの提唱者。米国ミネソタ大学、慶應義塾大学、東京大学などで、脳研究に従事。2006年、脳の学校を創業し、簡易型脳力診断法や脳トレシステムを開発。2013年、クリニックを開設し、発達障害や認知症などの予防医療を実践。『脳の強化書』（あさ出版）、『めんどくさいがなくなる脳』（SBクリエイティブ）、『聞くだけで記憶力が上がるCDブック』（宝島社）、『脳を育てる親の話し方』（小社）など著書多数。

※著者による脳画像診断をご希望される方は、以下をご覧ください。
・「脳の学校」公式サイト　http://www.nonogakko.com
・加藤プラチナクリニック公式サイト
http://www.nobanchi.com
電話：03-5422-8565

男《おとこ》の子《こ》は「脳《のう》の聞《き》く力《ちから》」を育《そだ》てなさい

2017年12月５日　第１刷
2019年12月15日　第３刷

著　　者　加《か》藤《とう》俊《とし》徳《のり》

発 行 者　小澤源太郎

責任編集　株式会社 プライム涌光
電話　編集部　03(3203)2850

発 行 所　株式会社 青春出版社
東京都新宿区若松町12番１号 〒162-0056
振替番号　00190-7-98602
電話　営業部　03(3207)1916

印　刷　中央精版印刷　　製　本　大口製本

万一、落丁、乱丁がありました節は、お取りかえします。
ISBN978-4-413-23064-3 C0037

本気で勝ちたい人は
やってはいけない
千田琢哉

受験生専門外来の医師が教える
合格させたいなら「脳に効くこと」をやりなさい
吉田たかよし

自分をもっとラクにする
「心を書く」本
円 純庵

男と女のアドラー心理学
岩井俊憲

「つい怒ってしまう」がなくなる
子育てのアンガーマネジメント
戸田久実

青春出版社の四六判シリーズ

子どもの一生を決める！
「待てる」「ガマンできる」力の育て方
感情や欲求に振り回されない「自制心」の秘密
田嶋英子

「ずるい人」が
周りからいなくなる本
大嶋信頼

不登校から脱け出した
家族が見つけた幸せの物語
子どものために、あなたのために
菜花 俊

恋愛・お金・成功…願いが叶う★魔法のごはん
ほとんど毎日、運がよくなる！
勝負メシ
佳川奈未

そうだ！ 幸せになろう
人生には、こうして奇跡が起きる
誰もが持っている2つの力の使い方
晴香葉子